教育思想双書 9

経験のメタモルフォーゼ

〈自己変成〉の教育人間学

高橋 勝

勁草書房

はしがき

『歴史の終わり』の著者、F・フクヤマの指摘を待つまでもなく、経済発展や民主化という国民的規模における「大きな物語」（J・F・リオタール）が姿を消して、すでに久しい。それでは、「大きな物語」の退場は、無数の「小さな物語」の登場に道を譲ったのかといえば、必ずしもそうではない。アイデンティティや自己形成といった個人の生を根源的に意味づける物語そのものが、いまや衰弱死しかねない状況が出現している。

経済のグローバル化の進行とともに、すべての問題は、歴史や理想に依拠して語られるのではなく、有用性と経済効率に即して語られなければならないとする乾いた経済合理主義が、私たちの日常世界の隅々にまで深く浸透してきた。いつしか有用性と経済効率というフレームが、私たちの日常的思考を拘束する初期設定となった。その結果、社会という土壌で、大小の物語そのものが根腐れ状態となり、技術的な「問題処理」的思考ばかりが氾濫する時代となった。その一例として、教育問題を考えてみよう。

ほぼ一九七〇年代末までの「教育問題」は、社会の進歩や子どもの発達保障という「大きな物語」の文脈の中で語られてきた。高度経済成長政策のひずみとして生じた受験競争、詰め込み教育、校内暴力、ドロップアウトなどの問題群は、個々の親や教師だけで解決できるものではなく、社会進歩という歴史的コンテクストの中でこそ解決すべき問題として受け取られてきた。

ところが、一九八〇年代以降の「教育問題」の語られ方の特徴は、そうした「大きな物語」の文脈を喪失した点にある。問題は、親や教師の教育責任を果たす力量の有無にあるとされる。すべての事柄が、当事者の選択と自己責任の問題になりつつある。これまで親や教師の教育行為を背後で支えてきた数々の「人間形成の物語」が、経済合理性というふるいにかけられ、ことごとく放逐されてきた。その結果、どのような状況が生まれたのか。

子ども世代が、大人世代の生活から隔離されて、四六時中〈教育的まなざし〉に晒されるようになった。いまや、子どもは、大人と共に暮らし、苦楽を共にし、物語を共に紡ぎ合う共同生活者としてではなく、未熟な「教育を要するヒト」(homo educandus)として対象化され、大人の〈教育的まなざし〉に囲い込まれる存在となった。メディアから放出される過熱した教育論議が、そのことを如実に物語っている。

しかし、これは、人間形成にとっては、危機的状況の裏返しにほかならない。それは、なぜか。本来は、大人世代から子ども世代への知恵や物語の伝承行為であり、夢や希望、理想や願望を基盤として成り立つ人間形成の営みが、そうした「物語性」を封印する方向で、経済効率的に語られる傾向にあるからである。「人間形成の物語」が不在のまま、過剰な教育意識が子どもに差し向けられるという、まことに逆説的状況が出現している。しかしながら、物語を欠いた人間形成の議論ほど不毛なものはない。

その結果として、子どもにとっては、教育されることの息苦しさが、大人にとっては、教育することの負担感が重くのしかかるようになった。明治期以来、人間形成や教育が、これほどの息苦しさと負担感の中で行なわれる時代はいまだかつてなかったはずである。人間形成から「物語性」が消し去られると一体どうなるのか。その一つの結末を現状に見る思いがする。

本書は、人がくぐり抜ける経験の問題を主題としながら、人間形成の問題は、第一義的には、大人と子どものそれぞれの「生きられた世界」の変成（メタモルフォーゼ）の問題にほかならないことを示そうとしたものである。その意味では、本書は、人間形成における「物語」の復権を試みたものと言ってもよい。「経験のメタモルフォーゼ」とは、人が他者、異文化、異世界などの様々な外部と出会う経験を通して、古い世界から脱皮し、自己変成を遂げていくプロセスそのものを指している。そこでは、経験が行き着くべき終着点、もしくは発達の頂点なるものはない。つねに流動し続け、脱皮し続け、自己変成し続けていく経験の様態そのものが重要だからである。

何かを達成するための経験、どこかに到達するための経験という発想ほど「経験のメタモルフォーゼ」から遠いものはない。それは、一元的で、向上的な人間の変化を示す「発達」や「アイデンティティ」という自己完結的イメージを払拭し、より開放的で、より流動的な生の可能性を示す新しい指標として提示されている。

「経験のメタモルフォーゼ」とは、直線的ないし螺旋的な向上ではなく、「生のかたち」の変容それ自体である。それは、経験の統合に向かわず、限りない分散と拡散に向かう。定住志向ではなく、ノマド（遊牧民）志向である。生の固定化ではなく、流動の途上にあるものである。あえて比喩的にいえば、それは、流れる水にも似た不定形の流動である。その場所、土地によって流れる形、色、音、速度が変わる。渓谷を流れる穏やかな小川のせせらぎでもあり、ときに滝つぼに一気に落下する激流にもなる。

それを、現象の背後にある何らかの実体が引き起こす合法則的運動として、ヘーゲル弁証法的に説明することも、的を得ていない。つねに未知の世界に開かれており、閉じた体系をなさないこと。未来に投げ出されながら、絶えざる変成の途上にあること、それが「経験のメタモルフォーゼ」である。

本書は、経験、世界、関係、空間などのキーワードを駆使して、人間という「生のかたち」の変成のプロセスを人間学的に解読しようとしたものである。人間形成や教育、子育ての問題を、近視眼的に見るのではなく、異文化や多世代が交じり合い、変成し合うダイナミズムの中で、巨視的に捉え直そうとする方々にお読みいただくことができれば、著者として望外の幸せである。

二〇〇七年三月

高橋　勝

経験のメタモルフォーゼ――〈自己変成〉の教育人間学／目　次

目　次

序　章　経験のメタモルフォーゼ
――〈自己変成〉の教育人間学

オタマジャクシがカエルになる。さなぎが美しい蝶に変わる。ある時期までは、両棲類や昆虫の生態変化に関してしか語られなかった「メタモルフォーゼ」（Metamorphose）という言葉を、はじめて植物についても適用したのは、イタリアの植物学者、チェザルピーノであると言われる（一五八三年）。同じくイタリアの植物学者、シニバルディは、『植物のメタモルフォーゼ講義』という本を一六七八年に発表し、リンネも『植物学の書棚』（一七三五年）の序文で、「植物のメタモルフォーゼ」という言葉を使用している。

「かたちを変えて生成する」ものを、植物や両棲類だけではなく、人間の生（Leben）のなかにも読み取ろうとしたのは、自然科学者でもあった詩人ゲーテである。ゲーテが形態学（Morphologie）と色彩論に深い関心を抱いていたことはよく知られている。彼は『植物のメタモルフォーゼ』（一七九〇年）のなかで、「メタモルフォーゼ」という概念を、昆虫、植物、動物をも超えて、人間の「生きるかたち」の変化にも適用しようとした。「かたち」（Morophe）を「超えていく」

（meta）プロセスそのものとしての人間。ゲーテにとって、「メタモルフォーゼ」とは、それが植物であれ、人間であれ、生命体が、自らを絶えず「新しいかたち」に変成（Werden）させていく自己運動を象徴する言葉であった（河本英夫　2002, 11）。

ゲーテの形態学は、分析、分類、体系化を旨とする自然科学に対して、生命あるものの多種多様な現れを、現代的に言いかえるなら「多数多様体」の運動を、承認しようとするものではあったが、そこに、「質量」（Stoff）に埋め込まれた見えざる力（Kraft　デュナミス）が「形相」（Form）を実現していくというアリストテレス以来の本質哲学の復活を見ることもできる。自然科学的な、いわゆる機械論とは対立する生気論的な生命把握である。

これに対して、G・ドゥルーズは、『千のプラトー』の序文に組み入れられた「リゾーム」（一九七六年）において、「形相なき変成」としてのリゾーム論を展開した。そこには、「器官なき身体」として生命論的に読み込まれた生（Leben）が、外部や他者と複雑に絡まり合いながら、無秩序に流動し続け、変成し続けるプロセスが描き出されている。

生命と生、世界、変成などの語義を跡づけながら、人が外部、とりわけそこに住む他者と出会うこと、すなわち「経験すること」の意味を人間学的に考えてみたい。

1　流動し変成する生命

『形態学に寄せて』の序文で、ゲーテはこう述べている。

「ドイツ人は現実に存在するものの複雑なあり方に対して、形態（Gestalt）という言葉を用いている。**生きて動いているものは、こう表現されることによって、抽象化される。**言いかえれば、相互に依存しながら一つの全体を形成しているものも固定され、他とのつながりを失い、一定の性格しかもたなくなってしまうのである。しかし、ありとあらゆる形態、とくに有機体の形態を観察してみると、変化しないもの、静止したもの、他とのつながりをもたないものはどこにも見出せず、すべてはたえまなく動いて止むことを知らないことがわかる。だから、われわれのドイツ語が、生み出されたものや、生み出されつつあるものに対して、形成（Bildung）という言葉を用いてきたのは、十分に根拠のあることなのである。」（Goethe, 1947, 7, 強調部分は引用者。）

ここでゲーテは、ドイツ語では「生きて動いているもの」を説明するさいに、「形態（Gestalt）という言葉」を用いるが、しかし、この言葉を用いて「生きて動いているもの」を説明した瞬間に、それは動きをなくし、固定化されてしまう、と述べている。Gestalt であれ、Bildung であれ、「生きて動いているもの」を指し示す好都合のドイツ語ではあるが、しかし、その言葉で、ある現象を説明した瞬間に「生きて動いているもの」は静止してしまう、というパラドックスをゲーテは深く自覚していた。言うまでもなく、言葉は、生命や生、そして経験（Erfahrung）の内実そのものではないからである。それは、生命体が身体感覚において感受するほかはないものである。先の記述に続けて、ゲーテはこう書いている。

「それだけに形態学の序文を書こうとすれば、形態について語ることは許されない。やむなくこの言葉を使ったとしても、**それは理念や概念を、つまり経験のなかでほんの一瞬固定されたものを指しているに過ぎない**。」（Goethe, 1947, 7, 強調部分は引用者。）

「生きて動いているもの」や「経験そのもの」こそが、世界を成り立たせているのであって、言葉や概念は、その一瞬の静止画像に過ぎない、というゲーテの生命思想がよく表されている。したがって、高橋義人も指摘するように、「形態学とは、形態の学（Gestaltlehre）というよりも、形成の学（Gestaltungslehre）であるといった方が、ゲーテの真意により近い」（高橋義人、一六八頁）と言えるだろう。生命（Leben）とは、言葉によってではなく、その動きの中に身をおき、「形態」や「形成」のただ中に身を委ねなければ感受できないものであるというのが、ゲーテの言う「形態学」の考え方である。

ところで、life, Leben, vie そして日本語の「生命」という言葉は、いずれも「個体が生存していること」を表すと同時に、「個体を越えて流動し続ける生命一般」をも表す言葉である。「生命」を表すこれらの言葉には、期せずして、個体の生存と種の生存という、二重の意味が込められている。前者では、生命における主体性（生きようとする個体）が強調され、後者では、流動と連続（生かされている個体）が強調されるというように、同じ Leben でも、論点に微妙なズレが生じる。

たとえば、ハイデガーは、人間を有限な時間を生きる存在として理解したから、Leben を、誕生と死とのあいだにあるものと見なした。ここでは、Leben は個体化されている。これに対して、精神病理学者のS・E・シュトラウスは、Leben を、誕生以前の生殖・受精と死のあいだにあるものと見なした。ハイデガーにとって Leben は、「生命」であると同時に、誕生後の「人生」や「生活世界」という意味をも含んでいる。他方、シュトラウスにとって、それは、「固体の発生から死まで」という区切りの違いが見られる。しかしながら、双方に共通するものもある。それは、両者ともに Leben を、個体の死によって終息を迎えるもの、始まりと終りのあるもの、有限なるものと見なしていたという点である。有限なるものとしての Leben。

これに対して、個体の死を超えて、連綿と流動し続けるものを「生命」として捉える見方もある。フロイトの生の欲動（Trieb）、死の欲動、そして臨床医学者、V・フォン・ヴァイツゼッカーの生命論がそれである。フロイトにとって、欲動は、個体の生死を超えて、生命体に通低する見えざる持続エネルギーを現す概念装置である。フロイトの生命論は興味の尽きないものであるが、ここでは、臨床医学を専門とするヴァイツゼッカーの生命論を取り上げてみたい。彼は次のように書いている。

「生命それ自身（das Leben selbst）は、けっして死なない。死ぬのは、個々の生きものだけである。個体の死は、生命を限定し、区分し、更新する。死ぬということは、転生（Wandlung）を可能にするという意味をもつ。死は生の反対ではなく、生殖と出生の反対概念である。出生と死は生命の表裏両面のようなもので、論理的に排除しあう反対概念ではない。生命は出生と死を内に含む」（ヴァイツゼッカー　2000, 90　強調部分は引用者）

このように、ヴァイツゼッカーは、個体の生死を超えて持続する何かを、生命と呼んでいる。しかし、この持続する生命は、個体間を貫く見えざる何かであるから、認識の対象にはなりえない。種を貫いて流れる生命を、オートポイエーシス理論のように、自己準拠の生成システムとして説明することもむろん不可能ではない（河本英夫　2006）。しかし、臨床医学者であるヴァイツゼッカーは、ゲーテと同様に、それを客観的、三人称的に説明することを拒む。なぜか。「ヴァイツゼッカーが『生命それ自身』と表現したのは、もっと一人称的に、『個々の生きもの』である自己自身の生命において、直接的な実感として経験されうるような『生きていることそのもの』の実態であった」（木村敏　2000, 90　サイドラインは木村氏）と言われるからである。直接的な実感として経験される「生きていることそのもの」の把握、それがヴァイツゼッカーのいう das Leben にほかならない。

この点が、生命の自己生成運動を客観的に記述しようとするオートポイエーシス理論と、生命の自己運動（「生き生きした現在」そのもの）を、一人称的に把握し、経験しようとする現象学の違いと言っても差し支えない。

ヴァイツゼッカーのいう das Leben とは、厳密にいえば、フッサールやハイデガーのそれとは異なって、「人生」や「生活世界」に限定される概念ではなく、それらを背後で貫き通す見えざる力、つまり流動し続ける生命であると言えるだろう。Leben は、「人生」や「生活世界」を成り立たせ、その基盤となり、その運動因として働く何かである。それは、形態学研究者であったゲーテが強調し、後に、ニーチェが全く新しい視点から意味づけるに至る「流動し変成し続ける生命体」であって、種の生存競争からなる進化論的な「自己保存する生命」及びR・ドーキンス等の言う「利己的遺伝子」とは、似て非なるものであることは明らかである。

2　相互変成体としての生

以上述べてきたように、生命には、①それぞれに個体化された生存という意味と、②個体を「生きもの」たらしめている持続する力によって根拠づけられる生という、二重の意味が含まれている。

生命のこの区別は、古代ギリシャ語における bios（βίος）と zoē（ζωή）の違いに匹敵すると言えるだろう。zoē は、あらゆる生きものに通低する生命を意味し、個体の生死を超えた生命一般を表すのに対して、bios は、個別化され、個体化された生命を示す場合に用いられる。ニーチェのいうデュオニソス的生、そして「力としての生」とは、まさに流動し続ける zoē としての生命をさしている。それでは、bios と zoē は、どのような関係にあるのだろうか。

木村敏も指摘するように、わたしの bios 的個別性は、単独では成り立たず、他者をも通低する zoē 的な生命の力によって支えられているのではないか（木村敏　2005, 198）。わたしたちが、一人称的なわたしの個別性と見なしているものも、実は、そのつど他者とかかわり合う中で構築されてきた形象（Gestalt）であり、構築物（Gestalten）に過ぎないのではないか。いいかえると、個別性とは、「生命それ自身」（das Leben selbst）が、自己を具体化する一つの現れであり、その現れである〈わたし〉という形象は、生命の複雑な流動性によって、絶え間なく形を変えていくものではないか。

人間の Leben は、人格や主体性というかたちで、あたかも単独で成り立つかのように受け取られがちであるが、それは一つの仮象（静止画像）に過ぎないことが分かるだろう。自己、自立、自己責任という仮象。その〈わたし〉の根底には、ヴァイツゼッカーのいう「生命それ自身」（das Leben selbst）が生き生きと脈打っているからである。ベルグソンの生の哲学やディルタイの精神科学は、近代哲学が見過ごしてきた zoē 的生命の流動性と持続性を再確認し、それを論理化したものと言うこともできる。そう考えると、人が生きるということは、他者との出会いの中で、象徴的な死と再生を経験し、形象物（Gestalten）としての「自己」を絶え間なく分散し、解体させながら、再形象化していくメタモルフォーゼの運動にほかならない、と言うことができるのではないか。「医学的人間学入門」という副題をもつ『病いと人』の最終章「死の連帯性と生の相互性」で、ヴァイツゼッカーは「生の相互性」に着目して、こう書いている。

「相互性（Gegenseitigkeit）とは、実践的で探し求められる生の秩序であって、予め措定された生の秩序ではない。われわれがそこで従うのは、相互性が生成する（wird）、生成するにちがいないだろう（werden müsste）、生成することになるだろう（könnte）、生成してもよいだろう（dürfte）、生成するはずである（sollte）ということであって、相互性が存在する（ist）ということにではない。死の連帯性は存在的であるが、生の相互性はパトス的だといってよい。」（ヴァイツゼッカー　2000, 339-340）

人間は相互性という関係の中に身をおいている。しかし、それは、「予め措定されたもの」でも実体として取り出せるものでもない。相互性は、自他の世界が交じり合い、生成する磁場の中でしか感受できないパトス的で、受動的なものであるというのが、ヴァイツゼッカーの理解である。このの個所では、「生成する」（werden）という助動詞が何度も繰り返されている。なぜなら、「相互性」

は、そこに「ある」（ist）という存在的な仕方では示せないものであって、その場所に身をおき、関係や空気を共有しながら、受動的に感受するほかはないものだからである。

個別的生を生きる人間の世界も、けっして単独で成り立つことはない。つねに他者と共に編み上げられる関係世界のなかで変成されていくものである。このように、生は一見すると、個別体の営みのようにも見えるが、実は相互変成体としてつねに生成の途上にあるものである。生命および生は、デカルト的自我や主体とは異なって、決して自足的実体ではなく、関係の中で編み直されるものであり、到達点をもたず、つねに生成の途上にあるものである。

いま医療の現場で議論を巻き起こしている安楽死の問題に対するヴァイツゼッカーの見解は、まさに生が自足的なものではなく、生成し続ける相互変成体であることを示す説得的な説明となっている。

「合法性の程度はさまざまだろうが、安楽死を求める多くの声は、すべて次のような見解から出てきている。誰かが生の価値の有無を判定し、生死に関するその処分権を行使して、自分や他人の生を終らせることができる、という見解である。ところで、わたし自身は、従来いわれているすべての安楽死に反対である。その理由は、**生の価値の判定という意味がよくわからないのと、生の個々の価値なら判定できても、生の価値一般の判定など不可能だと考えるからである**。安楽死に反対する理由としてはそのほかに、生というものはすべて死んでゆくこと（Sterben）なのであって、生と死が結びついているという法則からはいかなる医療行為も逃れられない、ということがある。つまり医療行為というものは、すべてそれ自体としてある種の安楽死なのである。」（ヴァイツゼッカー 2000, 332 強調部分は引用者。）

治る見込みがないと見なされている患者は、個別体の生として見るならば、もはや生きることに価値なしと判断されて、延命器具を取り外すことも可能である。例えば、作家の吉村昭が自死したように、現実にも起こっている。しかし、そのばあいでも、関係体としての生という視点から見直すならば、生の価値を最終的に評価できる人間はいないだろう。関係体としての生は、苦痛にあえぐ当事者といえども、その生の価値の最終判断を単独で行なうことは、不可能である。なぜなら、もともと生はつねに ist ではなく、werden であるから、完結した判断には、そもそも馴染まない質のものだからである。

Leben について、以上のような人間学的な概念整理を行なっておけば、人間形成における経験の概念を考えるばあいでも、見通しやすくなると思われる。

3 「生きられた世界」とその変成

ハイデガーは、そのことを明言していないが、彼の哲学の根本概念である「世界」（Welt）という言葉は、木田元によれば、同時代の動物行動学者ユクスキュル（Jacob von Uexküll, 1864～1944）からの影響によるものであるとされている（木田元　46）。当時、ユクスキュルは在野の生物学者ではあったが、現代の生態学や動物行動学に道を開いた革命的な研究者であった。当時の物理学帝国主義の風潮に逆らって、そしてまたダーウィンの進化論とも方向を異にして、彼は、種々の生命体が生きる独特の生の世界を明らかにしようとした。それが、有名な「環境世界論」である。

ユクスキュルによれば、生物はそれぞれの種に応じて、感受しうる可能的刺激の総体と反応可能なものの総体からなる固有の「環境世界」（Umwelt）を生きている。ハエの環境世界には、ハエのモノが、ウニの環境世界には、ウニのモノが前景に押し出されるのだ。個々の生命体は、そうしたおのれの環境世界を生き、その環境世界との相互作用のなかで自己の生存と有機的統一性を保持していく。

ここには、生命体を、そのおかれた環境から取り出して、実験室で解剖したり観察することは、それを死んだ物体として扱うことに等しい、との見方が含まれている。生命体は、あくまでもその環境世界に適応し、その世界を生きているのであるから、その生きられた状態、ありのままの姿で捉えられなければ意味がないと、ユクスキュルは考えた（ユクスキュル　1973, 27）。

動物行動学におけるこうした新しい考え方を、いち早く哲学や教育の世界に紹介したのが、M・シェーラーであった。死の前年に行われた講演「宇宙における人間の地位」（一九二八年）の中で、彼は、ユクスキュルと同様に、あらゆる生命体を、その種に応じた「環境世界」に住むものとして説明した。ただし、他の生命体が自己保存と種族保存に収束される「環境世界」に固定されているのに対して、人間は、その生物学的「環境世界」から開かれており（本能的適応力の退化したホモ・デメンス）、自己保存を超越した「意味」によって構築される「世界（Welt）」に住み込み、そうした「世界を開示すること」（Weltoffenheit）をその重要な特性として捉えたのである（シェーラー 2002, 48）。

こうして、「動物―環境世界」、「人間―世界」という新しい人間と動物の捉え方が提示された。人間の行為を世界開示のはたらきとして捉えるシェーラーの哲学的人間学（Philosophische Anthropologie）は、いわば生物学と現象学を二本の紐でより合わせたものであり、まさに現代の人間学の先駆的業績である。

ユクスキュルに始まり、シェーラーによって哲学的に再定義された「環境世界」論は、その後、ローレンツ、ポルトマン、先に紹介したヴァイツゼッカー、ベルタランフィといった生物学者、動物行動学者に引き継がれていくことになる。

「動物―環境世界」、「人間―世界」という世界図式は、動物や人間の行動の「事実」を合法則的に説明するフレームではなく、観察者が、生命活動そのものに深く分け入って生命体を記述する概念である点に注目したい。それは、現代の参加観察法や質的研究、さらには臨床的研究への道を開くきっかけをもたらしたと言える。**それは、人間を含めて、生命体を三人称的にではなく、二人称的に研究する学問の可能性を拓いたからである。**

根源的には、生命が生み出す力によって世界が絶え間なく開かれ、読み直され、変成されていくということ。晩年、カトリックに限りなく回帰したシェーラーの場合には、真、善、美を超えた「聖なるもの」の価値が暗黙の前提であったから、その変成は、生命の力ばかりでなく、超越的な価値の導きの糸によってもたらされるはずのものであった。

そこでは、厳密な意味で、**他者との関係性**、**経験という織物**、**相互的な変成**の問題は、まだ十分には視界に入ってはいないように思われる。こうした問題に直面することなく、技術的世界のもとで崩壊したBildungの世界の再構築は可能であると信じられていたからである。しかし、そこには、人間超越の問題はありえても、厳密な意味での人間生成（Menschenwerden）の問題は、まだ成立してはいないと言わなければならない。ヴァイツゼッカーも指摘するように、人間を関係の中で変成する相互変成体とみる見方は、ハイデガー以後の現象学的人間学が直面する問題だからである。

4　異邦と故郷

生命体としての人間の生成は、シェーラーが言うような聖なる世界への自己超越によってではなく、自己が他者と出会い、生きられた世界の外部に遭遇することが決定的に重要な契機になるのではないか。そこで、他者の問題に入る前に、まずフッサールの「異邦／故郷」論を紹介しておきたい。ここでは、貫成人の優れたフッサール研究を参考にしたい（貫成人 2003）。

フッサールにとって、人が住み込む世界は、すでに遠近法的に構築された世界である。異邦（Fremdwelt）とは、わたしに馴染み深い慣習、規範、物語とは異なるパースペクティヴで構築された世界である。そこは、フッサールの言葉でいえば、「異なる経験、異なる自然環境、異なる人生の目的、すべてにわたって異なる確信、異なる慣習、異なる実践的振る舞い方、異なる伝統の人々」（Husserl, 214）からなる世界である。それは、わたしが深く住み込んできた故郷（Heimat）とは対極にある世界だ。

しかし、故郷も異邦も、わたしが生まれ育つ以前から存在した客観的な空間ではない。いずれも、**わたしが他者と出会うことで開示される、すなわち構築される**意味空間である。フッサールによれば、異邦と故郷の関係は、以下の四点にある（貫成人 2003, 221）。

第一に、異邦と故郷は、どちらが第一義的というわけではなく、同時発生的である。フッサールも言うように、「異邦人が構築されること、まさにそのことによって、『われわれ固有の』郷土の同胞、民族共同体、われわれの文化世界が構築される」（Husserl, 221）のである。自分たちと異邦人との差異は、侵入禁止を示す一本のロープのように、予め線引きされているわけではない。自分が生きてきた世界とは全く異なる規範を生きる他者と遭遇する経験によって、人は、はじめて「故郷」というものを自覚する。その受動的な出来事こそが、異邦／故郷という、それまでにはない新しい異空間を生成させるのである。

第二に、異邦と故郷は、本来的に通約不可能である。「わたしは、この新たな環境世界を故郷とする（beheimatet）ことはできない」（Husserl, 221）。それは、ある場所において文化、規則が受肉化され、それぞれの規範生成が、強固な身体性を伴って構築されるからである。したがって異邦とは、理解不可能性という様態においてのみ接近が可能となるものである。

第三に、とはいえ、異邦は通約不可能であるからといって、異常なもの、奇異なものではない。異邦の住人は、排他的ではあるが、かれらの共同体における生においては、首尾一貫して経験される世界の主体である。異邦とは、世界が故郷とは異なった仕方で、しかも首尾一貫した仕方で、経験されている場所をさしている。

第四に、しかし、だからといって、故郷と異邦の境界線は、決して固定されているわけではない。その境界線は、存在的なものではなく、ヴァイツゼッカー的にいえば、生成的なものである。それは、相互に侵入的なものであり、流動的に再布置されるものである。同じ郷土に生きていても、階層、性別、年齢差、地域差によって多くの規範が分立し、複数の規範が存立して、葛藤をもたらすことは、個人においても変わりはない。つまり、異邦／故郷という境界線は、他者との出会いによって生まれ、関わり合いの過程で、たえず仕切り直されていくものである。

以上のように、フッサールは明確には意識していなかったかもしれないが、異邦／故郷という区別は、他者との出会いによって生まれ、その境界線は、つねに流動化し、変形され、変成されていくものであることを示唆している。ここで言う故郷と異邦とは、構築された差異（ドゥルーズ）を指しているのであって、広く考えれば、民族、国家、地域、言語、宗教、習俗、規範のレベルから、狭く考えれば、同一集団においても、価値観、生活習慣が違うようにあてはまる事柄を指している。そして、わたしとは異なった世界を生きている人間を他者（die Andere）と呼ぶならば、フッサールにおいて、他者とは、全く理解不能な異邦人から、身近な隣人に至るまで、わたしの生活世界の外部に住むもののすべてを指していると考えられる。

5　越境と他者

他者と関わりながら、知らず知らずのうちにわたしが住み込む世界を越境して、世界の境界線が裁ち直される出来事（Ereignis）、これを経験と呼ぶことができる。経験とは、他者もしくは外部との遭遇によって引き起こされる受動的で、受苦的な出来事である。

なぜ受動的で、受苦的な出来事なのか。それは、慣れ親しんだ故郷に外部が侵入することで、生きられた世界に亀裂が入るからである。生きられた世界の自明性が突き破られるからである。Erfahrung や experience の語源を見ても、経験とは、外の世界に「あえて出で立つ」（ex-peirao, πειράω）、「あえて旅に出る」（er-fahren）という意味を含んでいる。思い切って旅に出ること、外の世界に身を晒すことが経験なのだ（ボルノー　1969, 179）。それは、慣れ親しんだ故郷をますます喪失し、不確実な世界に分け入らざるを得ない近代人にとっては、不可避の出来事である（ギデンズ

2005, 165)。

ところで、鷲田清一も指摘しているように、他者経験については、これまで、共存性と他性(Andersheit)という対立した二つの解釈が提示されてきた(鷲田清一 1997, 8)。一つは、他者を自己の存立根拠と見なし、他者と関わり合うこと、関係することが、自己を成り立たせる根拠であるとみる見方である。しかし、そこでは、自己と他者との意思疎通と合意形成が、暗黙のうちに前提とされ、他者の他者性、つまり外部性や異他性(der Fremde)が抜け落ちてしまうという批判が常につきまとう。他者は、まさに自己の外部、つまり異邦を生き抜く存在であって、「通約不可能」(フッサール)であることが、そもそもの異邦の条件であったことが見落とされがちである。

したがって、徹底した異和と異化作用を引き起こすものをこそ、他者と名づけるべきであるという、他者の再定義が主張される。ハイデガーの哲学では他者が不在であると断じたレヴィナス(1996, 1999)、あるいはアガンベンの他者論がまさにこれにあたる(アガンベン 2004)。

それでは、他者問題をどう考えればいいのか。ここでは、生きられた世界を裁ち直す一つの出来事として、つまり経験(Erfahrung)の問題として、他者問題を考えてみたい。

まずフッサールも言うように、他者は、自己の世界の外部に住むものであることを再確認しておきたい。自己の外部に、自己とは異なった、しかも首尾一貫した世界が存在しうることを認めなければならない。これを認めなければ、独我論に陥る。自己の世界に同化したり、吸収したりできない世界を生きているからこそ、他者は他者なのだ。解釈学の立場から、ガダマーは、人は、他者それ自体を理解することはできない、他者の語る言葉、表情、身振りを通してしか他者を理解することはできないと述べている。

「自分の理解は、有限であり、この有限性という様態があるからこそ、現実が、抵抗が、また不条理で理解不可能なものが意味をもってくるのである。（中略）これは、いっさいの自己理解にとって、《汝》を経験することが決定的に重要であるのと同じ問題である。本書においては、経験についての章が体系上の鍵の位置をしめている。」（ガダマー　1988, xxi）

ガダマーの言う真理を獲得するためには、「《汝》を経験すること」が重要である。しかしそこでは、一つのパラドックスに直面する。

「汝についての経験も一つのパラドックスを示している。私に対峙しているものが、自分自身の権利を主張し、絶対的な承認を私に迫っており、しかも、まさにそのことによって、私に《理解》されるというパラドックスである。だが、こうした理解は、汝を理解するのではなく、その汝が私たちに語る真なるものについて理解するのである。ここで、真なるものとは、汝によってのみ見えてくる真理、汝に語らせることによってのみ見えてくる真理のことである。」（ガダマー　xxii）

ここで、ガダマーは、「汝によってのみ見えてくる真理、汝に語らせることによってのみ見えてくる真理」こそが、真理というに値するものであることを、繰り返し強調している。まさに《汝》を経験することなしに人は真理を獲得することはできないのである。

しかし、それでは、他者は、はじめから最後まで理解不能な異界の住人と考えるべきであろうか。初めから関わることを放棄し、理解を断念すべきなのか。そうではない。自己にとって他者は、単なる同化の対象でも、単なる排除の対象でもなく、自己がその世界を越境する（überschreiten）契機をもたらしてくれるものとして受け容れることができるのではないか。他者の経験とは、安定した自己の世界への外部の侵入であり、侵犯である。同化でも排除でもなく、喉にトゲが刺さった状態のような違和感を常にもたらすもの、それが他者との出会いである。それは、安定し切った世界の自明性を大きく揺るがすものとして働くことになる。他者は、自己の世界の限界を否応なく教えてくれる。鷲田は、こう書いている。

「〈他〉という契機を〈自〉の内部へと併合してはならないが、逆に〈他〉という契機を〈自〉の外部として純粋化してもならない。後者の思考は、〈自〉の絶対的な「外部」という、思考や解釈の切り込めない純粋領域に設定してしまうという、逆転した純粋性の思考になっている。それは、あいもかわらず、分割と包含——同化＝自己固有化（Aneignung）——の思考なのである。

アプロプリアシオン（appropriation、同化）の欲望なのである。」（鷲田清一　30　傍線は鷲田氏のもの。）

他者は、〈自〉の絶対的な「外部」として、とうてい理解不能なものとして「純粋化」されてはならないというのが、鷲田の立場であり、筆者も同意する。他者と出会うということは、安定した世界に亀裂が入り、自己の世界の限界を否応なく思い知らされる出来事である。他者の侵入によって、安定した自己の世界に小さな亀裂が入る。自己の一貫性や統一性にほころびが生じる。喉元に突き刺さった小さなトゲを受容するには、それを意味づけうるより包括した世界に一歩踏み出すほかはない。つまり、否応なく生きられた世界の解体と編み直しが行われる。むろんこの出来事は、違和感と苦痛に満ちた出来事でもある。しかし、それが、経験するということの意味ではないのか。

経験とは、自己の世界の限界を思い知らされる出来事として理解すべきではないか。それは同時に、排他的で、自己防衛的な自己から脱皮する契機にもなるものである。

『言葉への道』という戦後の講演の中で、ハイデガーは、「経験」（Erfahrung）という言葉の由来を丁寧に読み解いている。それによれば、Erfahrungは、eundo assequiというラテン語に近いという。それは「行きながら手に入れる」という意味である。Erfahren（経験する）と語源的に近い語は、fahren（乗り物に乗って移動する）、ziehen（移動する、引っ張る）であり、den Weg einschlagen（その道を歩んでいく）であると説明されている（ハイデガー　2002, 208）。

要するに、ハイデガーにとって、Erfahrungとは、世界の外部に旅立つことを意味する。そこは、住み慣れた故郷とは異なった、まさに異界が待ち受けている。何が起きるか、予想もつかない不気味な世界でもある。その異界に思い切って旅に出ること。そこは、故郷の規則を無化する異邦であり、故郷の限界を思い知らせてくれる他者がいる。そのような他者と出会い、同化でも排除でもない関係を保ち続けることで、世界は変成されていくのではないか。

6　経験のメタモルフォーゼ

ドゥルーズのいうリゾーム（rhizome）とは、系統樹において整序された樹木の体系とは様相を大きく異にする。それは、水脈や養分を求めて無秩序に地下に広がる無数の根茎に等しいものである。それは、ある場所を領土化すると同時に、脱領土化する。境界としての切片線を引きながら、同時にそれを無化する。組織すると同時に、逃走もする。ドゥルーズにとって、リゾームとは、つねに流動し変成し続けてやまない生命そのものの象徴である。それはまた、絶え間なく越境し続ける生の営みを表している。ドゥルーズは、リゾームの変成をこう説明する。

「どんなリゾームも数々の切片線を含んでいて、それらの線にしたがって地層化され、領土化され、組織され、意味され、帰属させられている。けれども、また脱領土化の線も含んでいて、これらを通してたえず逃走してもいるのである。切片線が逃走線の中に炸裂するたびにリゾームにおいて切断がおきる。けれども逃走線はリゾームの一部分をなしている。これらの線はたえずお互いに関わり合っているのだ。」（ドゥルーズ　1997, 22）

それは、いかなる状態においても完結することのない流動、つまり差異化の運動に身を委ねることを意味する。他者論的にいえば、つねに他者と遭遇することに開かれていて、自己の世界を完結させることがない。リゾームとは、無秩序に流動し続ける終わりのない運動体であり、完結することがないのだ。彼の得意な比喩でいえば、リゾームとは、固定化された数値nではなく、つねに「nマイナス1」の状態であり続ける。それは完成された地図に従って動く運動ではなく、地図そのものを作り、かつ作り変え続ける運動である。

「リゾームには始まりも終点もない。いつも中間、もののあいだ、存在のあいだ、間奏曲 intermezzo なのだ。（中略）樹木は、動詞「である」を押し付けるが、リゾームは接続詞「と……と……と……」を生地としている。この接続詞には、「である」を揺さぶり、根こそぎにするのに十分な力がある。どこへ行くのか。どこから出発するのか。結局のところ何が言いたいのか、といった問いは無用である。すべてをご破算にすること。ゼロから出発すること。一つの始まりや基盤を求めるということは、旅と運動についての誤った考え方に基づいている。」（ドゥルーズ

1997, 38）

リゾームの運動には、始まりも終わりもない。ニーチェの言う永劫回帰であり、ハイデガーの言う「生起」の繰り返しである。その運動がどこへ行くのか、という問いすら無意味である。これまで述べてきた経験の問題に引き寄せて言うならば、生きられた世界と外部、故郷と異邦、自己と他者といった差異化によって生じた世界の裂け目を歩き続けること。統合や排除とは無縁な切片線を限りなく歩き続けることが、ドゥルーズのリゾーム論の眼目であったといってよい。そう考えれば、リゾームという比喩は、つねに未来に開かれながら旅する人間（homo discens）を待ち受ける経験の意味を、実に象徴的に照らし出しているように思われる。

【参考文献】


G・アガンベン（岡田温司他訳）『開かれ――人間と動物』平凡社、二〇〇四年。

L・フォン・ベルタランフィ（長野敬他訳）『生命』みすず書房、一九八三年。

O・F・ボルノー（浜田正秀訳）『人間学的に見た教育学』玉川大学出版部、一九六九年。

G・ドゥルーズ（財津理訳）『差異と反復』河出書房新社、一九九四年。

――（宇野邦一他訳）『千のプラトー』河出書房新社、一九九七年。

――（湯浅博雄訳）『ニーチェ』筑摩書房、一九九九年。

H・G・ガダマー（三島憲一他訳）『真理と方法 I』法政大学出版局、一九八八年。
J.W.von Goethe（1947）*Die Schriften zur Naturwissenschaft.* Weimar. ゲーテ（木村直司訳）『ゲーテ全集、第十四巻』潮出版社、一九八〇年。
A・ギデンズ（秋吉美都他訳）『モダニティと自己アイデンティティ』ハーベスト社、二〇〇五年。

K・ヘルト（新田義弘他訳）『生き生きした現在』北斗出版、一九七七年。

E・レヴィナス（西谷修訳）『実存から実存者へ』講談社学術文庫、一九九六年。

——（合田正人訳）『存在の彼方へ』講談社学術文庫、一九九九年。

A・メルッチ（山之内靖・貴堂嘉之・宮崎かすみ訳）『現在に生きる遊牧民』岩波書店、一九九七年。

M・ハイデガー（原佑・渡辺二郎訳）『存在と時間』中央公論社、一九七一年。

——（茅野良男訳）『杣径』創文社、二〇〇二年。

Husserliana XV（1929-1935, 1973）*Zur Phänomenologie des Intersubjektivität.*

M・シェーラー（小倉志祥他訳）『シェーラー著作集、第十三巻』、白水社、二〇〇二年。

J・フォン・ユクスキュル／G・クリサート（日高敏隆他訳）『生物から見た世界』思索社、一九七三年。

V・フォン・ワイツゼッカー（木村敏訳）『生命と主体』人文書院、一九九六年。

——（木村敏訳）『病いと人——医学的人間学入門』新曜社、二〇〇〇年。

Ch.Wulf／E.Liebau（Hrsg.）（1999）*Metamorphosen des Raums.* Koeln.

Ch・ヴルフ（高橋勝監訳）『教育人間学入門』玉川大学出版部、二〇〇一年。

——（藤川信夫監訳）『歴史的人間学事典 II』勉誠出版、二〇〇五年。

大塚直子「ドゥルーズ的主体とはなにか」『現代思想』Vol・三〇-一〇、二〇〇二年。

河本英夫『メタモルフォーゼ——オートポイエーシスの核心』青土社、二〇〇二年。

——『システム現象学——オートポイエーシスの第四領域』新曜社、二〇〇六年。

木田　元『ハイデガー『存在と時間』の構築』岩波書店、二〇〇〇年。

木村　敏『偶然性の精神病理』岩波書店、二〇〇〇年。

――『関係としての自己』みすず書房、二〇〇五年。

高橋義人『形態と象徴――ゲーテと「緑の自然科学」』岩波書店、一九八八年。

野家啓一『物語の哲学』岩波書店、二〇〇五年。

貫　成人『経験の構造――フッサール現象学の新しい全体像』勁草書房、二〇〇三年。

鷲田清一「他者という形象」『他者――実存思想論集一二』所収、理想社、一九九七年。

第一章　変成される世界

——秩序を無化する経験

人間形成において、経験（Erfahrung, experience, expérience）は、いかなる意味を有するのか。この問題は、アリストテレスの〈empeiria, *ἐμπειρία*〉以来問われてきた古くて新しい問題である。しかし従来の教育哲学において、経験は、子どもや青年の〈わたし〉の存在地平を自明なものと見なして、環境に適応する力を強めるための手段、もしくは〈わたし〉に内在する力を引き出すための方法原理として説明されることが多かったように思われる。はじめに〈わたし〉があり、その〈わたし〉が成長し、発達するための糧としての経験がそれである。最近では、それは「生きる力」の概念と結びつけられて説明されることも少なくない。

しかし、人間学的にいえば、進歩する社会とそれを担う人間という近代教育学が隠し持つ暗黙のフレームにまで遡って、それが問われることはなかった。たしかに、芸事であれ、技であれ、経験の豊かさは、その道の熟練と熟達を保障する。したがってそれは、ヘーゲルの「意識の経験の学問」としての『精神現象学』[1]に典型的に見られるように、一歩一歩段階を上って確実な知（絶対知）に到達するに至る弁証法的運動の一里塚と見なされがちである。しかし、はたして経験は、単に子どもの成長を促し、確実な知に至る道程の一つに過ぎないものなのだろうか。

フッサールに端を発する現象学において、「経験」は、そのような前望的（prospective）で、連続的な仕方で捉えられてはいない。それは、〈わたし〉を肯定し、〈わたし〉の成長を無条件に保障するものですらない。むしろそれは、〈わたし〉の生を根拠づける生活地平そのものを揺るがし、日常性に亀裂を加え、生の脆さとはかなさを気づかせてくれる契機としてはたらくものである。経験は、〈わたし〉が自ら構成できるものではなく、むしろ〈わたし〉が成り立つ場所が揺らぎ、崩壊し、寄る辺なさを覚醒させられる受動的な出来事、つまりハイデガーの言う「生起」（Ereignis）として立ち現れる。

そこで本章では、経験のもつ人間形成的意味を、「生きる力」の増強といった、連続的でポジティブな地平ばかりでなく、逆に安定した生活地平が揺るがされ、混沌とした世界が現出し、意味世界の組み直しをも迫られるような事態を含むものであり、狭い教育概念では、とうてい馴致不能な地平を含むものであることを明らかにしていきたい。

一　諸刃の剣としての経験——日常とカオスの裂け目

ある事典では、「経験」は、次のように説明されている。

［英］experience　語義上は漢語で「験しを経た」こと。和語で「やって、みた」ことであり、欧語のempeiriaやexperienceやErfahrungなどの語根も「貫き」「通す」ことを意味するから、一般に特定の行為者が行為Aとその結果たる知覚体験Eとの因果過程「A→E」を通り抜けたことによって得た知識を意味する。実験（experiment）や熟練者（expert）の語義も同根。(2)

ここでは、「経験」が非常に明晰に定義されてはいるが、要するに、人間が、ある行為Aをくぐり抜けた結果、知覚体験Eを通して得られた知識をさすもの、として説明されている。それは、実験に等しいものであり、熟練者（expert）の語義とも同根であると言われる。いかにも分析哲学的な説明で、わかりやすいことこの上ないが、問題なのは、行為の結果が「知覚体験E」として感覚データ（sense data）的にしか説明されていないという点である。

こうしたケースは、条件統制を厳密に行った自然科学の実験室における結果ではありうることであろうが、日常生活における経験のばあい、こうした説明がすべてあてはまるとは限らない。ある出来事をくぐり抜けることを通して、新しい感覚データの獲得だけでなく、そのデータを枠づける人の「知覚野」（Wahrnemungsfeld）自体に変化が生じることも決して稀ではないからである。

たとえば、病室のベッド脇の花瓶に差された一輪の花。手術前の患者にとっては鑑賞用でしかなかったものが、術後の麻酔が切れたあとの身体の痛みの中で眺めれば、それが、生きようとする生命体の象徴として見えることがある。この変化は、花という個別の知覚だけのことではなく、花を見るまなざし（知覚野）自体に変化（すなわち意味変成）が生じたことを示している。

これに対して、先に示したセンス・データ論的な経験の理解を、フッサールにならって、経験の自然主義的解釈と呼んでおきたい。こうした自然主義的な経験の解釈は、実はかなり一般化しており、教育哲学においても、決して例外ではない。子どもは、ある経験をくぐることによって、新しい知識や実践知を獲得することができると見なされる。ヘーゲル的な「意識の経験の学問」としての『精神現象学』であれ、デューイ的な「経験の再構成」の理論であれ、経験は、弁証法的に、もしくは進歩的に展開する社会の運動とパラレルに意味づけられ、それを担う子どもの力を増強させるものとして説明される。

こうした経験の解釈は、すでに別の論文でも指摘したように[3]、アリストテレス以来広くなされてきた。しかし、そこでは、日常的な生活地平が自明の前提とされ、その地平への適応度を強化するものとしてしか経験が意味づけられてこなかった。しかし、人間形成における経験を、批判的思考を促す上で不可欠なものと見るドイツの教育人間学研究者ディークマンは、教育学における従来の「経験」理解の狭さについて、こう指摘している。

経験の人間学的概念は、行為（Verhalten）の理論というよりも、行動（Handeln）の理論であったし、学びとは、体験の部類に属する習慣的な問題処理であった。この習慣形成は、「問題の処理」と「自由な統御」に貢献するものであり、したがって、世界からの過剰な刺激を縮減させ、「継続的に繰り返される基礎的な経験」（A・ゲーレン）の負担を軽減させるものである。(4)

ここで述べられている「行動の理論」とは、〈環境—生命体〉という自然科学モデルの人間理解であり、「行為の理論」とは〈人—人〉モデルからなる相互行為の理論である。たしかに「行動の理論」においては、アリストテレス以来、未知なる世界と対決しながら、不確実性を最小限度に縮めるための知恵として経験が意味づけられてきた経緯がある。しかしながら、「行為の理論」においては、ヴァーグナーも指摘するように、他者との社会的行為を通して、相互主観的に意味世界が構築される。(5) 後に述べるように、経験は、こうした意味世界の構築と崩壊を促す契機となりうるものである。経験は、日常的に構築された生活地平を強化するばかりでなく、人が生きる日常的世界という土台そのものを揺るがし、混沌とした世界を呼び起こすきっかけともなるものである。

日常性を強化すると同時に、その日常性をも破壊する経験。こうした諸刃の剣の性格を有するからこそ、従来の教育哲学では、経験は、その危険な牙を抜き取られて、教育方法という扱いやすい道具箱の中に押し込められてきたのではないか。しかし、「経験」を道具箱の中に収めようとする試みは決して成功しないだろう。なぜなら、それは、人間そのものを、道具箱の中に押し込めようとする無謀な試みに等しいことだからである。

教育方法という道具箱には収め切れない経験。それは、たとえば精神病理学者R・D・レインのいう「否定の経験」、「不在の経験」を見れば、明らかである。その前に、アメリカの女性精神科医であるJ・L・ハーマンの記した『心的外傷と回復』の中にある文章を紹介しておきたい。

2　否定の経験

世界の中にいて安全であるという感覚、すなわち〈基本的信頼〉は、人生の最初期において、ケアしてくれる人との関係の中で得られるものである。人生そのものと同時に発生するこの信頼感は、ライフサイクルを通じてその人を支え続ける。それは、関係と信仰とのあらゆるシステムの基礎を形づくる。人間の最初の体験は、ケアされたということであり、このことが人間にその所属する世界の方を向く力を与えるのである。この世界は、人間の生命に優しい生活となる。(6)

ここには、キリスト教徒としてのハーマンの宗教観も色濃く滲み出てはいるが、そうした宗教色を割り引いても「世界の中にいて安全であるという感覚」「基本的信頼」が、身近な他者、たとえば母親との関係の中で育まれるであろうことは容易に想像できる。人生の初期において、慈しみを与えられ、ケアされたという無意識的経験があるからこそ、子どもは安定した生活地平を構成していくことができる。

こうした無意識的な経験の層が、子どもの生活地平を成り立たせ、さらにはその地平の安定化にも大きな影響を与えることになる。その意味では、身近な他者に受容されたという無意識的な経験の層は、子どもにとって最も基礎的であり、「第一次的経験」の層と見なすことができるだろう。それでは、こうした基礎的経験が欠落した場合には、どうなるのか。

レインは、「第一次的経験」が欠落したケースとして、「呑み込み」(engulfment)、「内破」(implosion)、「化石と離人化」(petrification and depersonalization) という三つの病理現象の事例をあげている。こうした「否定の経験」を強いられた人間は、しばしば「一次的存在論的安定」を欠き、**自己の生活地平を構成するよりも、バラバラに点在する自己という不安定な基盤を維持することだけにエネルギーの大半を注がざるをえない心的状況**に追い込まれる(7)。

ある人は、自分を実在するというよりも、非実在であると感じ、自己の時間的持続性についての感覚を保持できない。レインは言う。「彼は自分が一貫してまとまった存在だという、あの圧倒的につよい感覚をもつことができない。彼は、実体的というよりも非実体的であると感じ、自分が作られている素材が真正のよきもの、価値あるものと思うことができない。そして彼は、自己を身体から離別された部分として感じる(8)。」

レインは、結論的にこう述べている。「先走っていえば、自己の存在が、この一次的経験的意味で安定している人間では、他者とのかかわりは潜在的には充足したものであるが、存在論的に不安定な人間は、自己を充足させるよりも保持することに精一杯なのである」[9]と。

精神病理学における「経験」の概念にやや詳しく立ち入ってきたのは、子どもにとっては、「第一次的経験」の有無が重要だということだけを言いたかったからではない。経験とは、日常生活の跡をなぞり、その制度の文脈を跡付けることであるという、生活地平の一元的自明性は、実はフィクションに過ぎないことを、精神病理学の事例から指摘しておきたかったからである。こうした「否定の経験」の症例は、身近な他者との関係の中で生み出され、不安定な〈わたし〉が出現する。『経験の政治学』の中でレインは、こう書いている。

あらゆる経験は、能動的であると同時に受動的であり、与えられたものと解釈されたものとの統一体であります。そして与えられたものに人が付与する解釈は、肯定的でも否定的でもありえます。その解釈は、人が欲するものであったり、恐れるものであったりします。また受け入れる用意のあるものであったり、そうではないものであったりします。否定という要素は、すべての関係の中に存在し、また関係を経験するあらゆるやり方の中にも存在しています。[10]

「否定の経験」は、他者やものとの関係の中で、あるべき他者、あるべきものがそこにないという不在の経験であり、欠如の経験である。そうした経験が、生活地平の成り立ち自体を危うくする。経験は、決して生活の力を与えるものばかりでない。人間の生活地平の成り立ちをも根底から脅かすはたらきをもする。成長と破綻、構築と崩壊というように、生にとって経験は諸刃の剣の性格を有するもの、すなわち馴致不能なものとして、捉え直す必要がある。

3　根源的な生活世界の経験

それでは、レインのいう一次的経験を土台にして構成されてくる生活地平とは、どのようなものであろうか。それは、フッサールによれば「端的感性的な経験」[11]として説明される。経験とは、レインも指摘するように、他者やものとのかかわりにおいて構成されるものであるが[12]、フッサールは、他者やものとのかかわりを日常的に意味づけ、枠付ける経験を「基礎付けられた経験」と呼び、そこには、すでに経験の意味を先取りするフレーミングが行われていると見る。言語化するという行為がそれである。個々の出来事を、ひとまとまりの経験として言語的に共約可能なものとしてまとめ上げる無意識的なフレーム、それが日常性という地平によって「基礎付けられた経験」である。

これに対して、「端的感性的な経験」とは、西田幾多郎のいう「純粋経験」に近いものであって[13]、あらゆる述語的判断（SはPである）に先立って生じる事態（言語化以前）である。それを、木村敏の言うように、「もの化」される以前のアモルフな「コト」と呼んでもさし支えない[14]。他者との共約可能性を持たず「ただわたしにだけ存在する対象」、それが、フッサールの言う「端的感性的な経験」である。彼はこう述べている。

最終的かつ根源的な前述語的経験の明証性に達するためには、このように基礎づけられた経験から、もっとも端的な経験へ帰ってゆかなければならないし、そのためには、すべての表現を排除しなければならないのである。なぜなら、言葉で表現された経験は、すべて自然的な性質以外の性質の規定、たとえば道具としての規定などをもつ存在者を対象とするからである(15)。

人が「最終的かつ根源的な前述語的経験」の明証性に立ち帰るためには、「すべての表現を排除しなければならない」といわれる。それには、言語という共約可能な「もの」(木村敏)にまとめ上げられる以前のある出来事(純粋経験)を想像してみるとよい。たとえば、『アヴェロンの野生児』の中に、野生児のヴィクトールが、生まれて初めて雪を目にして、驚喜する情景が描かれている。

ある朝、彼(ヴィクトール)がまだ床の中にいたときに、大雪が降った。すると、目が覚めるや歓声をあげて床を離れ、窓辺へ走り寄ったり、戸口へ走り寄ったり、何度も往き来した末に、とうとう着物も着かけで庭へ突進した。庭では、つんざくような叫び声で歓びを表現し、雪のなかを走ったり、転んだりし、手にいっぱい雪を集めて、何ともいえぬ熱心さでそれを楽しんだ(16)。

言葉を知らないヴィクトールは、それが「雪」であることを知らない。ただ降り積もった白い粉の中を走り抜け、その粉を両手で握り締め、思う存分からだにこすって、その感触を味わい尽くす。からだで味わっているヴィクトールにとっては、それが「雪」であろうが、「白い粉」であろうが、どうでもよいことなのだ。土塊とは異なったその独特の感触が、ヴィクトールが経験した内容そのものだからである。

ところが、観察者で記録者のイタールは、それを「雪を楽しんだ……ヴィクトール」と書き記す。たしかにそう書かなければ、ヴィクトールが経験したことがらを他者に伝えることはできない。しかし、厳密にいえば、ヴィクトール自身が経験したこと（白い粉の体感）と報告者の記述の内容との間には、明らかなズレがある。ヴィクトールは、別に「雪」を楽しんでいたわけではないからだ。サラサラしていて、両手で掬うと湿り気があって、心地よい感触のあるものを体感していただけかもしれない。

いずれにせよ、ヴィクトールが経験したことがらそのものを言語化することは、ほとんど不可能に近い。医師イタールの生活地平というフレームでヴィクトールの経験内容が切り取られてしまっている。まさにそれが、フッサールのいう「端的感性的な経験」と述語的判断によって「基礎付けられた経験」の違いである。

フッサール的に言えば、「ただわたしにだけ存在する対象」としての「端的感性的な経験」とは、ヴィクトールの経験それ自体であり、述語的判断によって「基礎付けられた経験」とは、イタールの記述ということになるだろう。繰り返せば、イタールの記述は、ヴィクトールの経験内容をある観点から切り取った残余にすぎない。ヴィクトールの「生き生きした現在」(lebendige Gegenwart)[17]そのものは、そこでは背後に押しやられてしまっている。この隠蔽されてしまったものこそが、まさにフッサールがこだわる「根源的な生活世界の経験」なのである。彼は言う。

われわれの求める最終根源的な意味での経験(Erfahrung)に立ちかえっていこうとすると、そこにあるのは、いまだ観念化をしらず、むしろ観念化の必然的な基盤となるような根源的な生活世界の経験である。[18]

しかし、この「根源的な生活世界の経験」は、ヴィクトールの経験をイタールが記述するさいに、あるパースペクティヴからの抽象化を加えてしまったように、それを言語化するさいには、生活地平というフィルターをくぐらざるを得ない。無意識のうちに被さるこのフィルターこそが、その人が住む日常の生活世界そのものである。しかし、日常の生活世界は、それまでに前世代の人々が蓄積してきた歴史的文化の沈殿物(ドクサ)に満ちている。人は、この沈殿物から逃れることはできない。

根源的な世界へのこの帰還は、与えられるがままの世界を単純に受け取るといったものではな

く、そこにすでに沈澱している歴史性をたどって、その根源にまで遡るものである。(18)

ある経験を成り立たせる地平は、まずは人がその中で生きている生活世界であり、そこは伝統や規範といった歴史の沈殿物に満ちている。したがって、ひとは、通常、歴史の沈殿物という無意識のフレームを通して自己の経験を意味づけている。これが、日常の生活世界の成り立ちである。

以上のように、フッサールにおける経験とは、**述語的判断から前述語的判断に帰還する運動**の中で捉えられている。そこでは、エピステメーからドクサへ、構成するものから受容するものへ、観念化されたものから、行為そのものへというように、近代教育学のパラダイムを根底から覆す転換が語られている点に注目しておきたい。

4　変成される世界

それでは、雪の朝、ヴィクトールが味わった「端的感性的な経験」、すなわち前述語的判断は、述語的に語られるとき、不可避的に変形せざるを得ないのだろうか。その出来事は、イタールがそう描いたように「雪を楽しんだ……ヴィクトール」としか語られようがないものなのか。

白い粉の庭をヴィクトールが転げまわった出来事と、それを記述したイタールの生活世界のドクサの制約のズレを指摘し、日常の生活世界は「歴史の沈殿物」という見えざるフレームですでに構築されていることを指摘したのが現象学者フッサールであるとすれば、弟子のハイデガーは、基礎的存在論の立場から、その「出来事」としての経験そのものを「歴史の沈殿物」からどう救い出すかに腐心したように思われる。それでは、ハイデガーにとって、経験とは何か。彼はこう書いている。

経験の決定的な本質契機は、経験においては意識に新しい真なる対象が発現するという点に存する。（中略）経験すること（das Erfahren）は、意識が、それが有る限りにおいて、この意識が真理において、それとして有るところの己の概念に向かって出かけていく（ausfahren）仕方なのである。（中略）das Erfahren〈経験すること〉における Fahren〈経る・進む・動く〉は、Ziehen（惹く、引く、曳く）という、もともとの意味をもっている。（中略）経験することとは、手を伸ばして届かせながら到達することである。経験することとは、現前することの、すなわち有ることの仕方の一つである。(19)

ハイデガーにとっては、「意識に新しい真なる対象が発現するということ」が、「経験する」ということの内実である。それまで見ていながら見えなかったものが、ある出来事を介して、突然見えるようになること。意識の外部にあったものが、曳かれるものとして眼前に浮上すること。まさにその生起（Ereignis）が、経験と呼ばれる。ハイデガーにとって、経験とは、〈わたし〉という実体を強化するための方法原理ではなく、むしろ〈わたし〉が成り立つ根拠、いいかえれば「わたしが立ち現われるあり方」そのものを指している。

ある生起（Ereignis）をきっかけとして、すでに枠づけられた生活地平というフレームに軋みや綻びが生じる。日常性というヴェールが剝がされて、それまで見えなかったあることがらが見えるようになる。こうした変化をもたらすものを、ハイデガーは、経験と呼ぶのである。それは、予め予想できるものでも、計画的に招き寄せることのできるものでもない。不意に襲ってくるものであり、瞬時に消えうせてしまうはかないものでもある。したがって、経験は、一回性であり、個別性であるところに重要な意味がある。それは、比喩的にいえば、〈わたし〉が浮上しては消え去る舞台（意味世界）に等しいからだ。

『言葉への道』という戦後の講演の中で、ハイデガーは、経験（Erfahrung）というドイツ語の由来を丁寧に読み解いている。それによれば、Erfahrung は、eundo assequi というラテン語に近いと言う。それは、「行きながら手に入れる」という意味である。erfahren（経験する）と語源的に近い語は、fahren（乗り物に乗って移動する）、ziehen（移動する、引っ張る）であり、den Weg einschlagen（その道を歩んでいく）であり、geleiten（同行する）、gelangenlassen（到達させる）であると説明されている。

さらに er-fahren durch solches（そのようなものを通って行くことで「会－得する」）、そういうものの中を通っていく（in solchem fahren）、本来的に到達する（eigenes gelangen）という言葉をあげている。[20] ある予期せぬ生起を通り過ごす中で「会−得するもの」、それが経験である。

こう見てくると、ハイデガーにとって経験とは、彼の哲学の中心概念の一つであるEreignis（生起）の意味する内容と重なり合うことがわかる。Ereignisとは、意味のある出来事の最小の単位であり、人がそれをかいくぐることで、何かを「会−得する」ものである。

Ereignisには、人が何かを見やり、眼差しながら、それを自分の方に引き寄せようと、「呼び求めて促す」というはたらきもある。[21] しかし、この「呼び求め」は、必ずしも成就するとは限らない。むしろ、拒絶されるばあいが多い。このように、ハイデガーの言うsich Ereignen（生起する）とは、こうした偶然性にさらされて生きる人間の生のはかなさをも示唆している。それは、経験が成り立つ受動的な性格と見事に符合する概念である。


以上述べてきたように、経験は人間生成にとって諸刃の剣である。それは、制度化された日常性に見通しや力を与えるものであると同時に、その同じ日常性のヴェールを剝ぎ取り、その虚構性を自覚させるはたらきもする。従来の教育学において、経験がもっぱら前者の意味での効用が説かれ、教育方法の整理箱の中に押し込められてきたのも決して故なきことではない。

しかし、一九九〇年代以降、グローバル化された社会において、人々は諸関係からなる安定した生活世界を機能システムによって侵食され、ただ一人、世界の中に投げ出される経験を強いられてきた。ここでは、孤立した人間の生き残りをかけた「生きる力」の教育の必要性が叫ばれているが、こうした成長指向と「前のめりの経験」だけで、人間形成を論じることの危うさと限界を指摘することも、本章のねらいの一つである。

とはいえ、「否定の経験」や「生起」としての経験という現象学的な見方に立って経験を根源的に捉え直す作業は、教育哲学では、まだ十分には行われていない。この作業は、「子どもを導く術」としての教育学というフレームを乗り越えて、「人間の自己変成の学」としての教育学を再構築する作業にまで連動していくべきものである。本書で提示する「経験のメタモルフォーゼ」の試みは、その土台づくりのためのささやかな基礎作業にほかならない。

註

(1) G・W・Fr・ヘーゲル(長谷川宏訳)『精神現象学』(一八〇七年)作品社、一九九八年、六二頁。

(2) 廣松渉他編『哲学・思想事典』「経験」の項目(藤本隆志)、岩波書店、一九九八年、四〇一頁。

(3) 拙稿「経験の人間学の試み——経験・他者・受苦性——」、臨床教育人間学会編『他者に臨む知——臨床教育人間学Ⅰ』世織書房、二〇〇四年、六八-八六頁(本書第三章にタイトルを変えて収録)。

(4) B・ディークマン「経験することと学び」、Ch・ヴルフ編著(高橋勝監訳)『教育人間学入門』玉川大学出版部、二〇〇一年、一〇八頁。

(5) H・J・ヴァーグナー(野平慎二訳)「行為」、Ch・ヴルフ編著(藤川信夫監訳)『歴史的人間学事典2』勉誠出版、二〇〇五年、四六八頁。

（6）J・L・ハーマン（中井久夫訳）『心的外傷と回復』みすず書房、一九九九年、七六頁。
（7）R・D・レイン（阪本健二他訳）『ひき裂かれた自己――分裂症と分裂病質の実存的研究』みすず書房、一九九九年、五一頁。
（8）R・D・レイン、前掲書、五二頁。
（9）R・D・レイン、前掲書、五二頁。
（10）R・D・レイン（笠原嘉他訳）『経験の政治学』みすず書房、一九七九年、三四-三五頁。強調箇所は、引用者のもの。
（11）E・フッサール（長谷川宏訳）『経験と判断』河出書房新社、一九九九年、四二頁。
（12）R・D・レイン、前掲書、二〇頁。
（13）西田幾多郎は、こう書いている。
「要するに経験の意味とか判断とかいうのは他との関係を示すにすぎぬのであって、経験そのものの内容を豊富にするのではない。意味あるいは判断の中に現れたるものは原経験より抽象せられたるその一部であって、その内容においてはかえってこれよりも貧なるものである。」『善の研究』（一九一一年）（日本の名著）中央公論社、一九七〇年、九七頁。
（14）木村　敏『時間と自己』中央公論社、一九九三年、二〇頁。
（15）E・フッサール、前掲書、四六頁。強調箇所は、引用者のもの。
（16）J・M・J・イタール（中野善達他訳）『新訳、アヴェロンの野生児――ヴィクトールの発達と教育』福村書店、一九八九年、三三頁。但し、訳語を若干変えたところがある。
（17）K.Held : *Lebendige Gegenwart*, Den Haag, 1966. 新田義弘他訳『生き生きした現在』北斗出版、一九八八年、一三五頁。
（18）E・フッサール、前掲書、三七頁。

（19）M・ハイデガー（茅野良男他訳）「ヘーゲルの経験概念」（一九四二年／一九四三年）『杣径』所収、ハイデガー全集、第五巻、創文社、一九八八年、二〇八頁。
（20）M・ハイデガー（亀山健吉他訳）「言葉への道」（一九五九年）『言葉への途上』所収、ハイデガー全集、第十二巻、創文社、一九九六年、二九六頁。
（21）M・ハイデガー（渡邊二郎訳）『「ヒューマニズム」について』筑摩書房、一九九七年、二三二頁。

第二章　人間形成における「関係」の解読
——経験・ミメーシス・他者

一　〈教師—生徒〉関係というアポリア

戦後の教育学は、「教師—生徒」、「大人—子ども」、「親—子」という対立図式を暗黙の前提としながら、教育関係の問題を論じてきたといってよい。真の教育を実現するためには、「教師」は「生徒」に対してどのように関わるべきか。こうした議論が延々と続けられてきた。一九二七年の著作ではあるが、ドイツの教育学者、リット（Th. Litt）が著した有名な著書のタイトル『指導か、成長に委ねるか？』[1]は、教師の指導性の発揮か、それとも子どもの自己活動に委ねるべきかという構図を象徴しており、近代教育学が構成してきたパラダイムを見事に浮き彫りにしている。

しかし、教師の指導性か、子どもの自己活動かという二項対立図式のもとでは、「子どもの主体的活動を促す指導とはいかなるものか」といった、本来は論理矛盾とも言うべき要請を、結局のところ教育技術の問題に収斂させて解決するという構造になっている。(2) こうした構造は、「子どもの主体性を育成する教育」といった教育スローガンのかたちで、現在でも繰り返し再生産されていることは周知の通りである。

このような対立図式を避ける手だてとして、一九七〇年代後半から、子どもや青年の発達という心理学的、科学的概念が注目されるようになった。この「発達」というキーワードは、子どもの自由な自己活動と教師の指導性という、それぞれの役割をいったん区別しながらも、両者を、子どもの発達という法則的次元で統合する視点を提供するものと見なされてきた。子どもの自己活動や教師の指導性ということよりも先に、子どもの望ましい発達を、各年齢段階でどう保障するのかが、重要な関心事となった。一人ひとりの子どもの発達を保障する授業づくり、学校づくりが教育学の主要な課題と見なされたのである。ここでは、発達心理学や発達教育学に基づく知見を学問的な基盤に据えることで、学校という望ましい教育空間の中で、一人ひとりの子どもをどう保護し、発達をどう実現していくかという問いかけが、研究を主導するスローガンとなった。(3)

しかしながら、大人と子ども、教師と生徒の関係を、発達という「開発」(development) と同じ意味あいのカテゴリーを主軸にして統合する方法は、子どもの住む社会的世界 (sozial Welt) の文脈を無視して、「開発対象としての子ども」という見方を流布させる役割を果たしてきたことは否定できない。そればかりではない。それは、発達のモデルそれ自体をアプリオリに措定するという先験主義に再び陥る結果をも招いたように思われる。(4)

発達や発達段階という見えざる基準が、子どもの生きる現実を超えて、規範性をもって説明される場面がしばしば見られたからである。子どもが生きる社会的世界を超えて、いつしか発達の概念が一人歩きをはじめる。しかし、心理学者の浜田寿美男も指摘するように、発達とは、子どもが生きる社会的世界を飛び越えてどこかに存在する基準ではない。あえて言えば、それぞれの世界において身近な他者との交わりを通して編み上げられていくものでしかないのではないか[5]。それは、個人に内在する実体的な概念ではなく、子どもが他者と関わりながら社会的世界に参加し、構築していく関係概念としてしか把握できないはずのものである。

「教師－生徒」という関係を問題にする場合でも、予め「教師－生徒」という一対の概念を実体視して受け取ってしまうと、両者の間でどのような関係が望ましいのかという方法技術論の方向でしか先に進まない。そこでは、Aは初めから教師として分類され、Bは初めから生徒として分類される。しかし、論理的には、AとBを差異化するカテゴリーは無限にあるはずである。しかも、逆にAとBを同一の地平で捉えることもまた可能である。例えば、人種、性別、共同体の構成員、生活者、有限な存在などの基準で見れば、AとBは同一の地平を生きる者と分類されるだろう。AとBの関係とは、このように、差異化と同一化の双方の視点から論じられるべきものである。

近代社会において制度化された「教師－生徒」という枠組みを、あたかも不動の実体であるかのように受け取ってしまうと、そこから導き出される教育関係論は、まことに貧しいものとならざるをえない。どう考えても、AはBにどう働きかけるべきか、Bはどう学習すべきか、という技術的関係を抜け出すことができなくなるからである。もしくは、せいぜい相互行為という教育関係論に落ち着くだけであろう(6)。

しかし、もしもAとBを対立する一対の補完概念としてではなく、同じ地平(社会的世界)を共有する相手として理解することができるならば、そこから技術的関係を抜け出す視界を見出すことも可能になるのではないか。ある文章の中で浜田寿美男は、こう書いている。

「かつては前世代の人たちが生身で見せてくれた『背中を見る』ことで、その生活姿勢がおのずと伝わり、前世代と共生・共働するなかで、生きる技術と文化が引き継がれていた。しかし、今日では、この営みが学校制度のなかで人為的に取り出され、専門的に担われるようになっている。そこで取り結ばれる関係は、教える人―教えられる人に分岐し、両者はたかだか一日の数分の一、数十分の一のつき合いを、一〜二年くりかえすだけの、言わば制度的関係であって、本来的に共生的な関係ではない。しかも、そこで教えられる能力や技能、知識は直接お互いの生活の場で生かされるのではない。**いやそもそも教師と生徒の間に共有の生活の場などない**(7)。」

共同体において、前世代と後世代とが「生身の」人間関係で培ってきた文化の伝承が、学校という制度を媒介にして組織的かつ機能的に行われるようになったこと、その事実は、ヴェーバー(M. Weber)のいう社会全体の合理化過程の一環として理解すべきであろう。ここで注意しなければばならないことは、前世代と後世代というジェネレーション関係の根幹に関わる人間形成の問題を、「教師－生徒」という制度的枠組みの中だけで考えてしまう私たちの教育思考の貧しさである。(8)

冒頭でも述べた「大人－子ども」、「教師－生徒」、「親－子」という教育関係の理解は、いずれも近代社会及び近代家族の出現によって構築されてきた言説であると言うことができる。そこでは、大人と子ども、教師と生徒、親と子は、浜田も指摘するように、それぞれ別世界に住むことが自明の前提とされている。別世界に住むからこそ、文化を伝承する営みを作為的に工夫するほかはないのである。同一の世界に住んでいれば、日常生活から独立して、わざわざ学校制度を作る必要はない。教育行為が日常生活から離脱して、非日常的な教育機関において行なわれるようになったこと。そのことのメリットばかりでなく、そこに生じた新しい問題や矛盾、アポリアをも含めて、教育関係を再検討していくことが必要である。

以上、述べてきたような理由から、本章では、「大人－子ども」、「教師－生徒」、「親－子」という近代教育学に内在する二項対立的な教育関係論のパースペクティヴが、どのような人間学的背景のもとで成立してきたのかを明らかにしたいと考える。とりわけ考察の中心を、人間形成における①時間軸と②空間軸という二つの視点から考察を進め、こうした存在論的アプローチの必要性と重要性を指摘したい。

第一に、人間のライフサイクルという時間軸においては、「子ども」から「大人」へ、という直線的で上昇志向の時間の観念においてではなく、「誕生－子ども期－壮年期－老年期－死」という、

誕生から死に至るライフサイクルの円環する時間の中で、子どもが大人になり、老年期を迎えることの人間学的意味を考えたい。

第二に、人間の生きる世界の多元性と重層性という空間軸においては、**遊び仲間**、**叔父**、**叔母**、**旅先で出会う異邦人**、**さらには異界に住む死者など**、従来の「教師—生徒」、「親—子」関係からは、**排除されてきた多様な「他者」との関わり合いの有する人間生成**（Menschenwerden）的意味を解読していきたい。このような近代的教育関係論から排除され、いわば周縁部分に押しやられた諸契機にあえて着目することで、「中心—周縁」的思考を突き崩し、**経験**（Erfahrung）、**ミメーシス**（Mimesis）、**他者**（der Andere）などの概念が、全く新しい様相のもとで息を吹き返し、人間形成の重要な鍵概念として蘇ってくるはずである。

2 「生きられた時間」とライフサイクル——台形型と円環型

近代の学問がすべてそうであるように、とりわけ子どもをどう指導するか（παίς-ἄγω）というギリシア語に起源を有する教育学（Pädagogik, pédagogie, pedagogy）は、歴史的に、進歩（progress）、発展、開発、発達（development）という「開発の物語」の文脈の中で構成され、発展してきた。そこでは、生産活動に従事する親たちの代理者としての教師が、未熟な子どもを、将来の生産者としての自立に向けて教育し、その能力を開発していくことが期待される。子どもは、自然と同じように、粗野な状態で放置されてはならない。自然（＝野蛮）状態から抜け出して、文明に向けて教育され、その内に眠っている素質を限りなく開発してゆくべきである。それは、子どもにとって幸福であるばかりでなく、社会の全体にとっても、社会進歩を促す重要な原動力ともなると考えられてきた。これが、近代教育学を背後で支えてきた「開発の物語」である。それは、自然を対象化して捉える近代科学、技術の論理と不可分なものである。日本において、ほぼ一九六〇年代末までは、子どもの「無限の発達」と、それを支える社会進歩という「開発の物語」に疑いを差し挟む者は稀であった(9)。

しかし、言うまでもなく、自然のエネルギーが無尽蔵ではないように、子どもの素質も決して無限なものではない。いや、そもそも人間は、自然の循環の中に生きる生命系の一部であって、自然を対象化すること自体が無謀で、傲慢な企てに過ぎない。近代教育学の視界から見るならば、人間は操作や開発の対象としてしか映らないが、フッサールの現象学、あるいはハイデガーの基礎的存在論から見るならば、それは、自然や人間を利用と操作の対象としてしか見なさない「ホモ・ファーベル」（homo faber）的人間理解でしかないことが、明白になる(10)。

そう考えると、近代科学において、人間が自然と向き合うかたちで対置されたように、近代教育学が「教師－生徒」、「大人－子ども」、「親－子」という二項対立図式を生み出した理由も理解できるはずである。むしろ、「大人－子ども」関係と言われる時の「大人」と「子ども」を分節化し、差異化する眼差し、基準は、一体何に由来するのか、という疑問こそが、真の問題とされなければならない。「大人」を「大人」たらしめるものは何か。それが、もし何らかの共同体、集団、状況の存在であるとするならば、そうした共同体を徐々に崩壊に導いてきたのが産業化であろう。そうなると、「ホモ・ファーベル」としての大人たちは、産業化に貢献することで、実は自ら「大人であること」の根拠を掘り崩してきたのではないかという疑問も生じてくる。後に述べるように、共同体の崩壊と「大人であること」の自明性の喪失という問題を抜きにして、教育関係を精確に論ずることはできないからである。(11)

少し先走った言い方になるが、現代の子どもや青年はアイデンティティが拡散していると、しばしば言われることがあるが、アイデンティティが揺らぎ、拡散しているのは、実は大人の方なのではないか。共同体の崩壊に伴って、「大人であること」の自明性もまた崩れてきた。大人になること（Erwachsenheit）、成熟すること（Mündigkeit）の基準が極めて曖昧になってきたからである。(12)現代の子どもは、模倣の対象としての大人の姿を見失ってしまったように見える。憧憬したり、反発したりする大人が身近にいれば、子どもは、生きること、働くこと、そして大人になることの慣習行動（habitus）に参加し、「大人になることの物語」を無意識のうちに獲得していくことができる。ところが、共同体の解体と制度的教育空間としての近代学校の出現は、そうした慣習行動とミメーシスが働く場所そのものを消滅させる速度を加速化させてきた。

近代教育学における「大人−子ども」関係は、図1に示すように、生産性を基準とした「大人」を頂点とした台形型のライフサイクルから構成されている。そこでは、生産する大人が発達の頂点

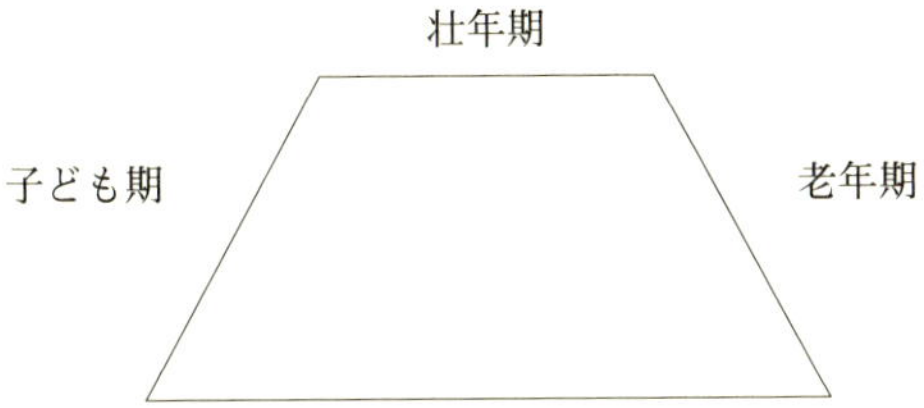

図1

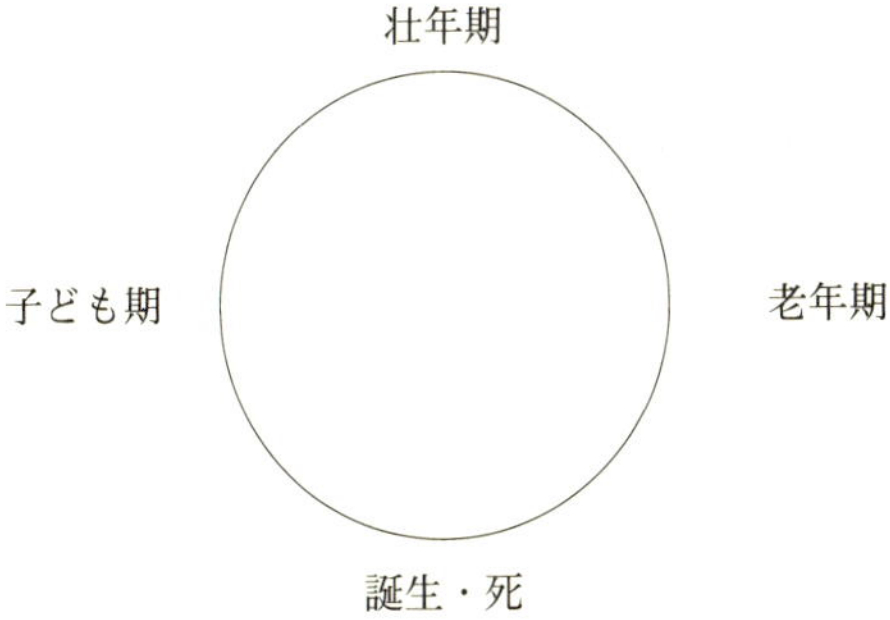

図2

に位置し、子どもは、教育の対象（遊び期、学習期）でしかない。また生産優位の近代社会では、老人は引退期として位置づけられている。つまり、ここでは、図1のように、生産性を中心とした台形型のライフサイクルが暗黙のうちに想定されている。生産力の向上が、至上の原理として作動する社会、それが近代産業社会である。それは、共同体を解体し、大人自身を、自立的で健康な「ホモ・ファーベル」として働き続けることを無言のうちに強要する社会である。そこでは、人々は、直線的でデジタルな時間を生きるほかはない。

しかしながら、観点を変えて、人間の生涯を、「誕生―子ども期―壮年期―老年期―死」というというように、誕生から死に至る循環として理解し、三世代の循環が部分的に交差する円環型のライフサイクルで捉えるならば、教育関係は全く異なった様相を示すのではないか[13]。前者が、**直線的な時間**を前提にしたライフサイクルであるとすれば、後者は、春夏秋冬のかたちで循環する自然が、時間の流れを構成する。つまり、人は、**円環する時間**の中に住む。それが、図2である。

子どもは、母親から生まれ、親元で子ども期、青年期を過ごし、自立して大人となり、働き、次世代を生み、育てる。そしていつしか老いて、死を迎える。人の一生を、こうした「誕生、子ども**期、壮年期、老年、死」という一回りする円環型のライフサイクル**で理解するならば、「教師―生徒」関係だけに熱中していた近代教育学の問題構制（Problematik）が、いかに生産主義的で、「開発の物語」に囚われていたかがよくわかるはずである。つまり、子どもから大人へ、という直線的な時間軸だけで人間形成を考える枠組みの狭さに気づくはずである。ここでは、発達の頂点なるものはない。円環する時間の中で、子ども期から大人期へ、そして老年期を介して死に至るというように、四季の移り変わりにも似た、それぞれの風景を生きることが重要になる。

子どもと大人という二世代間だけで教育関係を考えるのではなく、子ども・壮年・老人という三世代の相互関係において、人間形成を考えることが必要なのである。それは、自立や労働だけではなく、遊び、旅、異界との交わりなどを含めた多次元的な関係が錯綜する中でこそ、有用性に囚われない人間生成が進行するという事実に着目する必要性があるということである。

子どもが大人になるとは、どういうことなのか。それは、共同体において単に生産を担う力を獲得するということだけではないはずである。多様な他者と関わり合い、熟達者の振る舞いを模倣し、老人の知恵を学び、人間の有限性を自覚し、異界とのつながりをも感じ取る、そうした多元的で重層的な関係を編み上げていくことなのではないか。学ぶとは、知識を伝達される過程である以前に、まずは模倣行為（Mimesis）であり、状況に参加していく行為であったのではないか。働くとは、単なる生産行為というよりも、むしろ様々な他者と関わり合う儀礼（Ritual）として捉えられるのではないか。そして老いるということは、鷲田清一も指摘するように、単なる自立能力の衰退ではなく、その振る舞いを通して成熟の意味を子どもや青年に伝え、死者を含めた異界との関係を深めることが可能になる時期として、積極的に理解することができるのではないか(14)。このように、人間の生涯を、三世代間の相互行為を通した生の自己生成（Selbstwerden）、自己組織化（Selbstorganisation）として描くことが可能であるとすれば、まさにこうした三世代の関係においてこそ人間形成を捉え直す必要がある。いささか先走って述べたことを、以下の節でさらに詳細に説明していくことにしたい。

3　構成された社会的世界への参入

前世紀の初頭に社会学者のデュルケムは、教育を「方法的社会化」として捉えなおすことで、啓蒙主義者やロマン主義者たちの個人主義的な教育理解を批判した。『教育学と社会学』[15]や遺稿となった『道徳教育論』[16]において、彼は、ルソーやカント等のいう「個人」なるものが、いかに実態のない観念的で幻想的なものであるかを、口を極めて批判している。存在するのは、家族であり、職業集団であり、国家である。そうした既存の集団を超えた個人なるものはどこにも存在しないというのがデュルケムの主張であった。個人なるものは、実体としてどこにも存在しない。それは、観念的な構築物に過ぎない。それはたしかに、真理の一面を突いている。しかしデュルケムは、「個人」を批判するあまり、今度は逆に「集団」を実体化するという陥穽にはまってしまったように見える。

子どもは家族、教会、学校、地域社会という集団に参加することで、価値規範を内面化され、「社会化」されて大人になるとされたが、それは近代化によってますます機能的に分化された諸集団がシステムとして自己増殖作用を行なうという彼の確信に由来する。しかし、人間が生きる「現実」は、集団が一元的に保持するという方法論的集団主義は、現代の社会学においても疑問が示されるに違いない。むしろ、「現実」(actuality) とは、ある状況の参加者が相互主観的に編成し続けるものであり、一元的に安定したものではありえないというのが、現象学的社会学者たちに共通した見方であるからである[17]。

「現実」とは、それぞれの共同体の参加者が構成する状況（situation）の別名にほかならない。『故郷喪失者たち』の著者の一人、バーガー（P. L. Berger）は、社会の近代化によって生じた人間の不安定な自己理解について、次のように指摘する。近代における人間の自己理解の特徴は、第一に、異様に未確定（peculiarly open）である。第二に、近代人のアイデンティティは、異様に細分化（peculiarly differentiated）されている。したがって、第三に、近代人のアイデンティティは、異様に自己反省的（peculiarly reflective）にならざるを得ない[18]。さらに続けて、彼は次のように言う。

「近代社会では、社会的世界が複数存在するため、それぞれの特定の世界の構造は、不安定で信頼しがたいものとして体験される。ほとんどの前近代社会の個人は、もっと一貫性のある世界に住んでいた。世界は、彼にとっては、確固とした、ほとんど逃れようのないものである。それに比べると、社会的世界の複数性についての近代人の体験は、それらの世界のすべてを相対化してしまう。その結果、制度的秩序は、ある程度リアリティを失うことになる。『リアリティのアクセント』は、制度という客観的秩序から、主観性の領域へと移る。いいかえれば、個人の自分自身に関する体験の方が、客観的な社会的世界についての体験よりも、彼にとってはリアリティのあるものとなる。[19]」

ドイツ語の「事実」（Tatsache）という言葉が示しているように、「事実」とは、人の行為（Tat）を介して形成されたもの（Sache）である。そう考えれば、バーガーも言うように、「現実」とは、行為抜きに予め一元的に確定された「もの」（Sache）であると言うことはできない。「現実」（actuality）とは、ある状況を作り出す行為（action）を通して、相互主観的に共有されたものである。[20]つまり、各々の状況が、関係者の意識を媒介にして、「共有する現実」を構成しているのである。個人とは、その共有された現実の住人に過ぎない。[21]

そう考えると、子どもの学習においてまず手がかりになるのは、子どもの自己活動や教師の指導といった状況離脱的な概念ではなく、むしろ**日常世界における身近な他者たちによって、すでに構成された社会的世界や状況**であることがわかるであろう。子どもは、すでに構成された社会的世界に参入することによって、学習が進行していくのである。これは、現代の認知心理学における「正統的周辺参加」（legitimate peripheral participation）の理論からも強く支持される考え方であろう。

よく知られているように、レイヴ（J. Lave）とウェンガー（E. Wenger）は、『状況に埋め込まれた学習』の中で、人間の学習とは、単に事実についての知識や情報を受容するといった認識論的な問題ではなく、先行者によってすでに構成され、幾重にも重層化された状況に、周辺から参加していく過程で徐々に構成されていくものであることを明らかにした。[22]ここでは、「**実践**」「**社会的世**

界」「コミュニティ」「世界の相互構成」ということが、学習理論のキーワードをなしている。そのことを、レイヴとウェンガーは、産婆、仕立屋、操舵手、肉屋等の具体的事例を用いて、それらの新参者が徒弟制的な関係構造の中で、親方や兄弟子とのやり取りを重ねながら、どのようにより深い認識を構成していくかを詳細に明らかにしている。レイヴとウェンガーは、こう書いている。

「要するに、社会的実践の理論は、行為者、世界、活動、意味、認知、学習、さらには知ることに関係論的相互依存性を強調するものである。意味が本質的に社会的に構成されるものであることを強調し、活動に従事中の人の思考と行為の関与的性格を強調することである。この観点では、学ぶこと、考えること、さらに知ることが、社会的かつ文化的に構造化された世界の中の、世界と共にある、また世界から湧き起こってくる、活動に従事する人々の関係だとする。[23]」

一般に学習が成立するのは、産婆、仕立屋、操舵、肉の解体作業といった特殊化された状況を構成する他者とのやり取りを通して、その重層化された状況に参加していくことを通して可能になる。ここでは、作業を手際よく成し遂げる親方、熟練者、兄弟子の存在が不可欠であり、新参者はそこでは「学ぶ」というよりも、親方や兄弟子たちの無駄のない仕事ぶりに注目しながら、「その状況を共有できるようになること」だけに専念する。レイヴとウェンガーは言う。

「徒弟制において、しばしば学習の機会は〈親方―徒弟〉の強い非対称な関係によるよりも、仕事の実践によってその構造が与えられる。こういう場合には、学習者は、他の徒弟との学習関係を組み上げるための、『優しい共同体の無視』の空間をもつかもしれない。そこでは、一方での学習者どうしの関係と、他方での学習者と古参者とのしばしば階層的な関係との結びつきは、指示的な教授技術（pedagogy）が制度化された組織の中心的な原動力となっているところでよりも、よりゆるやかなものになっているかも知れない。徒弟が他の徒弟との関係で多くを学ぶというのは、徒弟制には典型的であるように見受けられる。(24)」

『状況に埋め込まれた学習』の訳者の一人、福島真人が指摘するように、「ここでは、認知というのは、心的な構造ではなく、社会的身体が繰り出す慣習的行動の中に埋め込まれた、活動の一部に過ぎない(25)」のであって、**ある状況を構成する身近な他者の振る舞いに気づき、模倣し、習熟していくという関係的なプロセス**にほかならないのである。ここで重要なことは、次の二点である。

第一に、人間の認知行動においては、すでに構成された状況、社会的世界、あるいはブルデュー（P. Bourdieu）の言う「慣習的行動」（habitus）に参加するという行為が重要であり、「他者」とは、そうした社会的世界を共有して構成し続ける相手であるということである。無論ここには、後にベンヤミンの事例で見るように、他者への尊敬と同時に反発や反抗もあり得る。そうした両義性を含みながら、他者は、子どもを社会的世界に仲介していくのである。

第二に、ここでは、状況への新参者の内部で無意識のうちに生じる親方や熟達者の見事な仕事ぶりへの気づきと模倣が決定的に重要だということである。他者からの「教え」によるものではなく、状況に溶け込んで、他者との間で無意識のうちに内面化されるミメーシスが、新参者にその独特の世界を開示し、刻印する手がかりとなる。

ここでは、子どもの主体的活動か、教師による教えかという、近代教育学が陥ってきた二項対立的な議論はもはや問題にならない。子どもが意識する以前の無意識の層における状況依存の学習こそが、子どもの振る舞いを決定的に変えていくものと考えられるからである。親方や先行者たちとの相互行為を通して編み上げられていく状況や社会的世界こそが、人間の学習を成立させる重要な拠点である。そこでは、はじめに親方、兄弟子、新参者がバラバラに散在して、後から社会的世界が構成されるのではない。個人を超えた状況が先にあって、その編み目（テキスト）の中に、親方や兄弟子たち、そして新参者が組み込まれているのである。[26] したがって、教育関係においては、教師や生徒の個別の営みを超えて、彼らが共に属する社会的世界のコードこそが決定的に重要なものとなる。そこでは、人が経験し、ミメーシスが働く場所が存在するからである。

4 経験とミメーシス

ベンヤミン（W. Benjamin）の自伝『一九〇〇年頃のベルリンの幼年時代』には、彼の子ども時代の出来事を構成した舞台、つまり仲間や大人たちとの出会いの場所、部屋、街路、路地裏、建物などが実にイメージ豊かに描き出されている。しかしここでは、自立しつつある主体（Subjekt）として、子どもの頃の自分が描かれているわけではない。不安、孤独、疎外感、そしてちょっとした幸福感などが複雑に入り混じった風景が、さまざまな他者との関係の糸をたぐり寄せながら、回想されている。小学校に入った頃のことを、ベンヤミンはこう振り返る。

「先生がプーファール嬢からクノッヘ氏にかわった。つまり、私は小学校に上がったのだった。教室でやらされることのほとんどに、私は反感を覚えた。だが、クノッヘ先生のことを思い出すのは、彼が私たちに与えたあれこれの罰のせいではなく、むしろ、未来の予言者の役を受け持ってみせてくれたことがあったからである。ちょうど唱歌の時間だった。そのとき練習したのは、『ヴァレンシュタイン』の「騎士の歌」だった。「いざ立たん、同志よ、馬を駆れ、馬を駆れ！／戦場へ、自由へと、いざ進みゆかん。／戦場でこそ、男児たる者、いまだ価値あり。／そこでこそ、心の程もいずれ量られん。」クノッヘ氏は、クラスのみんなに、この最終行はどういう意味なのだろうかと尋ねた。もちろん誰も答えることはできなかった。しかし、それこそまさにクノッヘ氏が待ち望んでいた反応であるらしかった。そして彼はこう言明した。――『それは、君たちが大人になったら分かることだ』と。(27)」

ここで、クノッヘ先生は、自分に何かを教えてくれる通常の教師として描写されているわけではない。そうではなくて、大都市ベルリンという迷路を子どもがあてどなく徘徊するように、「沢山の年月という川によって、自分の知る年月から分け隔てられている」大人の世界を、ほんの少しだけ垣間見させてくれる大人、もしくは自分の世界のはるか外部に住む他者として立ち現れている。「それは、君たちが大人になったら分かることだ」という突き放した言葉は、子どものまなざしから見たクノッヘ先生の大きな存在感を如実に物語っている。この他にも、ベンヤミンの自伝には、実に多種多様な大人たち、不思議な動物、迷路、そして不可解な出来事などが描かれている。子どもは、不条理にもそうした不可解な場所に投げ出され、見知らぬ他者と出会い、不安や喜びを交差させながら、その状況の有する意味を次第に感じ取っていくのである。ここでは、教師は、学校という世界で、子どもと状況を共有しながらも、子どもの安易な理解をあえて拒絶する相手として立ち現れている。**教師は、いわば子どもの世界のはるか彼方にいて、その追随を拒絶する存在である。**自己の理解を越えたもの、しかし、いったん目に焼き付くと、記憶の底に生涯忘れがたい痕跡を残すものとして登場する。ベンヤミンのこのような方法意識に関して、ベルリン自由大学で教育人間学を講ずるヴルフ（Ch. Wulf）は、以下のように説明する。(28)

「こうした回想イメージは、都市と子どもと時間の間の緊張に満ちた領域に位置している。すでに最初の頁で、**都市は迷路（Labyrinth）として立ち現れる。**子どもが数多くの障害にぶつかり、見通しをなくし、道に迷い、そして予想もしなかったような状況に、いつもはまり込んでしまう、錯綜した世界として都市は現れる。迷路として表現された都市は、道なき荒野や、危険や、恐ろしい神話的力と怪物の記憶を呼び覚ます。迷路の経験は都市に限定されない。それは、両親の家でも続けられるし、苦心して子ども時代への道を探求する回想においても続けられる。(29)」

ここに描写されているのは、都市や家族という迷路を徘徊しながらも、現実世界をミメーシス的に構成しつつある子どもの姿である。子どもは、身近な他者との関わりを通して、自己と外部の間に掛け橋を作り出す。子どもは他者の言葉や身振りを介して、世界を読み、読み込む過程で世界を新たに作り出す。子どもは、腕を伸ばし、口で風を吹かせることによって「風車」になる。こうした身体的な経験を通して、風がいかに風車を動かすかを、子どもは会得する。風の力と人間の自然利用の力とを、何ほどか経験する。つまり、遊びの中で「風車」に変身するというミメーシス的行為を通して、子どもは自然に対して力を行使できる自分というものを実感する。子どもは、その身体で「風車」になり切ることによって、機械の原初的形態や人間の身体の機械としての働きなどを経験的に知るようになる。

ヴルフによれば、ここで重要なことは、子どもは「風車」という機械を表現する能力を獲得し、機械の原初的形態を会得したという点だけにとどまらない。こうしたミメーシス的な振る舞いが身近な他者によって承認されたり、拒絶されたりしながら、子どもは無意識のうちに、紡いできた世界を解体させたり、再生させたりしていくということである。その意味で、他者と出会う経験（Erfahrung）が決定的に重要なのである。ヴルフは、次のように言う。

「人間のミメーシス的素質を基礎として、模範像は誰にも抗えないような持続的な力を年若い人に対して振るう。模範像はミメーシスの欲望を目覚めさせ、それを手本に努力するよう『強制』する。模範となる人格は、ミメーシスの欲望によって克服することが望まれている欠陥を指し示す。ミメーシスの欲望は、若者をその模範像でありたいと望むようにさせる。そのために若者は、自己を模範像に似たものにし、模範像に自己を同化させるべく試みる。(30)」

ほぼ同じようなことを、ブーバー（M. Buber）も記している。「すべて現実とは、わたしが他の存在と共にわかちあう働きであり、わたしだけで自分のものとすることはできない。関与のないところには、現実はない。自己独占を行うところには、現実はない(31)」と。現実とは、単独で構成するものではなく、他者との模倣的な関わり合いの過程で、徐々に構成されてくるものなのだ。さらにまた、論文「模倣の能力について」の中で、ベンヤミンは、人間のあらゆる振る舞いの根源には、模倣の能力（das mimetische Vermögen）が潜んでいることを指摘して、次のように書いている。

「この能力には、しかし、ひとつの歴史が、しかも個体発生論的な意味におけるのと同様、系統発生論的な意味における歴史がある。前者に関していえば、遊びが、多くの点でこの能力を学ぶ学校となっている。子どもの遊びには、至る所に模倣の行動様式が浸透していて、それが及ぶ範囲は、一人の人間が他の人間の真似をするということにとどまらない。子どもは、店のおじさんや先生の真似をするばかりでなく、風車や汽車の真似もする。(32)」

ところが、こうした「模倣の能力」は、社会の近代化が進行するにつれて、ますます削ぎ落とされてきたとベンヤミンは考える。「この変化は、模倣の能力が次第に弱まっていくことによって、方向づけられているように思われる。（中略）問題は、この能力が衰退してしまったのか、それとも変形してしまったのか、ということである(33)」と、彼は自問する。衰退ではなく、変形してしまったのだというのが、ベンヤミンの結論である。文化伝達の形式が、音声言語から活字言語へと変貌していく中で、「かつては神秘的な生活習慣の基礎をなしていた模倣の能力が、文字と言語に入り込んでいく(34)」という経路を作り出したのだ、と彼は言う。

人間が本源的に有する「模倣の能力」が、ある具体的状況下で見て取れる他者の身体的振る舞いという目に見える媒体（Medium）から、活字という見えない媒体に変形していったのだと、ベンヤミンは考える。かつては子どもたちの目の前で大人の労働（農耕、牧畜、家庭内工業など）が行なわれていたが、産業化と分業体制の進行と共に、労働は工場やオフィスで行われるようになった。さらに複製技術の発展が加わると、大人の労働それ自体がメディアを介した内容に変わり、ますます抽象度を増してくる。こうして、働く状況に参加して、無意識のうちに模倣を繰り返していく対象としての大人の姿が、子どもの視界から消えていく。子どもは、両親と学校の教師という「教育的眼差し」をもった大人としか交わることができない空間の中に囲い込まれていく。子どもの視界から、労働の現場が消え、異界が消え、偶然性に満ちた出来事が消えていく。**それは、子どもが生きる世界から「迷路」(Labyrinth)が消滅することを意味する。**別の言い方をすれば、子どもは、いつしか透視空間（M・フーコー）の中にすっぽりと収容されるようになったのだ。そこでは、もはやベンヤミンの言う「魔術の力」が生きのびる余地がない。彷徨、徘徊、戸惑い、反発、模倣などが自然にはたらく場所（トポス）の消滅。それは間身体性を帯びた具体的状況の消滅、つまり人間の生の一回生を保障してきた独特のアウラの消滅にほかならない。

5　迷路に迷い込む経験

子どもが、ある出来事に遭遇する。それは、子どもにとって、はじめての経験である。それを言葉でどう説明したらよいのか、子どもは戸惑う。それは、言語化される以前のカオスともいえる心的状態である。子どもは、まだその出来事のすべてをどう理解してよいのか、言葉が見つからない。第一章でも取り上げたように、『アヴェロンの野生児』の中に、野生児のヴィクトールが、生まれて初めて雪を目にする情景が描かれている。(35)

ある朝、目覚めたヴィクトールは、生まれて初めて雪を見る。それがどんなに感嘆に値する出来事であったかは、居ても立ってもいられない彼の振る舞いから見てとれる。庭へ突進したヴィクトールは、存分に雪の感触を体験する。まだ言葉を知らないヴィクトールにとって、それは雪とのはじめての出会いとして、理解することはできない。彼は、ただ降り積もった白い粉を全身で味わい尽くしただけであるかもしれない。しかし、医師のイタールが、それは雪と名付けられたものであり、厳冬になると天から降ってくるものであることを教えて、それが「雪」であることを理解する。あたり一面が真っ白な綿帽子を被ったような風景が出現する現象を、「雪」として理解できるようになる。

子どもがそれまで見たこともなかった珍しい出来事は、身近な他者である大人たちからあるコンセプトを与えられることで、ある形をとって定着する。日常の言葉では説明しがたいある出来事を、事後的に言葉で跡づけるところに「経験」が成立する。そこには、必ずその命名に立ち会う他者が存在する。ある事態が進行中には、それが何であるかは当事者にも分からない。当事者は、雪に出会った時のヴィクトールのように、ただ夢中で、身体の全身でそれを我がものとしているだけである。それを振り返る余裕ができた時に、それは「〜の経験」として事後的に解釈され、言語化されるのである。それは、状況を必ずしも共有していない他者に対して説明する際に求められる。

ところで、ヴィクトールが雪を見て興奮したような、あらゆる言語的表現を超えた出来事との出会いを次第に失いつつあるのが、現代の高度技術社会である。あらゆる出来事が、固有性と一回性を失い、既知の出来事の分類箱の中に回収されていく。情報技術の進展によって、特定の土地や場所で生じた物語（récit）の固有性が薄められ、すでに流通している、ありきたりの言葉が、その出来事に被せられていく。ある出来事（Geschehnis）の一回性と固有性の消滅。それは、別の言葉でいえば、経験の貧困化という事態にほかならない。まさに「経験と貧困」と題する論文の中で、ベンヤミンは、次のように言う。

「技術の途方もない発展とともに、ある全く新しい貧困（Armut）が人間に襲いかかってきた。（中略）すなわち、この経験の貧困は単に私的な経験の貧困であるばかりでなく、人類の経験そのものの貧困にほかならない。[36]」

それは、ベンヤミンの言う「アウラ」の喪失とも絡む問題であるが、産業化と情報の複製技術の進展によって、人間が直面する出来事の固有性がますます希薄になる事態を示している。逆に言えば、場所や状況に密着した出来事が消えて、流通可能な情報ばかりが増殖しはじめる。ベンヤミンは、次のようにも言う。

「そもそもアウラ（Aura）とは何か。ある空間と時間から織りなされた不可思議な織物である。すなわち、どれほど近くにであれ、ある遠さが一回的に現れているものである。夏の午後、静かに想いながら、地平に連なる山なみを、あるいは想っている者の上に影を投げかけている木の枝を、目で追うこと――これが、この山々のアウラを、この木の枝のアウラを呼吸することである。この描写を手がかりにすれば、現代におけるアウラの凋落の社会的条件を見抜くのはたやすいことである。[37]」

こうしたアウラの凋落は、ベンヤミンによれば、「事物を自分たちに〈より近づけること〉」に熱心な大衆の手によって行なわれる。彼らは、出来事の有する一回性を好まず、それを複製することによって、一回限りで消え去るはずのものを、その手に所有したがるからだ。ワーグナーの歌劇を、臨場感あふれる劇場で観るだけでは満足せず、映画やフィルム、レコードというかたちで所有し、何度も再生できること。そうした欲望を複製技術は可能にした。固有の状況で、不意に訪れるはずの感激や感動を、人為的に繰り返すこと。逆に言えば、近代技術は、人間の生の偶然性、脆さ、受苦性を認めない。すべてを反復可能な経験に仕立て上げるのだ。[38]

それがアウラの凋落であり、経験の喪失である。そこでは、人間は、関係から織りなされる出来事の世界そのものを生きるのではない。その状況から抜け出して、その状況を外部からパッケージ化して、所有するのである。そこでは、「経験を所有する自己」は、あらゆる関係から抜け出ているから、決して傷つくことはない。観て、聴いて、感動して、快適な感情をなぞるだけのことである。ベンヤミンは言う。

「対象をごく近くに像（Bild、絵画や直線イメージ）で、いやむしろ模像（Abbild、写像）で、複製で、所有したいという欲求が、日ごとに抗いがたく妥当性をもってきつつある。そしてイラスト入り新聞や週間ニュース映画が提供するたぐいの複製が像と異なることは見まがいようがない。像においては、一回性と持続性が密接に結びついている。対象をその被いから取り出すこと、アウラを崩壊させることは、ある種の知覚の特徴である。」[39]

アウラとは、ある独特の状況の中で感得されるものである。古代ギリシアのヴィーナス像は、それを礼拝の対象としていたギリシア人にとっては、この像を唯一無二と崇める状況に住んでいる。そしてまた、それを、災いをもたらす悪しき偶像と見なした中世の聖職者たちにとっても、ヴィーナス像は等しくアウラを具えたものであった。いずれも、ヴィーナス像は単なる鑑賞用の芸術作品ではない。呪術や宗教的儀礼に不可欠なイコンであった。ところが、二〇世紀に入り、技術的複製が可能になると、像は宗教的儀礼から独立して、鑑賞用の芸術作品として一人歩きをはじめる。どんなに精巧に複製化されたものであっても、それが状況（関係）から独立した複製品である限り、それを見る者の目にアウラは浮かんでこない。こうした事態の進行を、ベンヤミンは「経験の貧困」と呼んだのである。

「経験の貧困――このことを、人間たちが新しい経験を切望しているかのように理解してはならない。彼らは、いま新しい経験を求めているのではなくて、諸々の経験から放免されることをこそ切望しているのである。[40]」いいかえれば、それは「ミッキーマウスの生活」のような、便利で快適な生活スタイルの中に現れ出る。それは、「事態がどのように変転しても最も単純な、そして同時に最も快適なやり方で処理して自足する生活[41]」にほかならないと言えるだろう。

6　異界と遊ぶ子ども

しかし、「ミッキーマウスの生活」は、経験におけるアウラの喪失ばかりでなく、これまで構成されてきた人間生活の厚みや多次元の意味空間を単層化してしまうことになりかねない。一回限りの固有な出来事として襲ってくる経験が次第に駆逐されて、大人も子どももガラスのように透き通った単層空間の中に住みはじめる。そこでは、すべてのものが予め見通せるから、経験自体がもはや成立しがたいものとなる。思想史家の藤田省三は、経験が根源的に有する受苦的性格について、次のように述べている。

「経験とは、それが個人的なものに止まるものであっても、人と物（或は事態）との相互的な交渉であることは、私たちがささやかな物にでも働きかけたことがあるならば、既に明らかなはずである。物に立ち向かった瞬間に、もう、こちら側のあらかじめ抱いた恣意は、その物の材質や形態から或は抵抗を受け、或は拒否に出会わないわけにはいかない。そしてそこから相互的な交渉が始まり、その交渉の結果として、人と物との或る確かな関係が形となって実現する。それが一つの経験の完了である。(42)」

ここでは、人とものとの関係が語られているが、藤田にとっては、それは他者との関係、社会的関係においても全く同様である。例えば、藤田は、高度経済成長期以前の日本の子どもの代表的な遊び、「隠れん坊」が隠し持っていた豊かな神話的構造を解読している。

隠れん坊の鬼があたって、何十かの数を数え終わる間の目隠しを終えて、さて仲間を探そうと瞼を開けて振り返った世界は、数を数え終え始める前の、仲間たちの居た騒がしい世界とは打って変わった静寂な世界である。あたりは不思議に静まり返っている。物音ひとつしない空白の世界を、鬼はたった一人で仲間を求めてさまよう。大人たちがそこを歩いていても、それは世界の部外者であって、道端の石ころにも等しいものである。鬼は、振り向いた瞬間から、他者のいない、空白の世界に突き落とされるのだ。鬼は、仲間や社会から引き離され、たった一人で異界をさまよわなければならない。それは、ほとんどカフカ的な虚無の世界に迷い込む経験に等しい。

それでは、隠れた仲間の方はどうか。鬼に見つからないように、息をひそめて隠れるということは、こちらも日常からは切断された孤独な世界に「籠もること」を意味する。それは幽閉でも眠りでもあり、社会的には死の状態に近い。鬼が空漠たる荒野を彷徨するのに対して、こちらは狭い穴の中で仮死状態におかれる。いずれの側も、共同体からの隔離、仲間はずれ、日常から離脱する経験を強いられる。長い間、穴に籠もった末、とうとう鬼に見つけられ、「〜ちゃん、みーっけ」と名前を呼ばれたときには、悔しさと同時に不思議な安堵感がよぎったという経験は誰にもあるはずだ。それは、鬼は隠れた者を発見することによって、この日常に回帰できるが、実は隠れた者も鬼に発見してもらうことによって、この現実に再び復帰できるからだ。

隠れん坊遊びに夢中になる子どもたちは、このような現実喪失の危機をくり返すことを通して、互いに死と生の世界を反転させ、さまよい抜いた末に、この現実に復帰する。そこには、近代的なゲームのような勝ち負けの要素がない。鬼は、隠れた者を見つけ出すことによって、日常世界に復帰できる。しかし、隠れた者もまた、鬼に見つけられることによって、仮死状態から救い出されるのである。

おそらく隠れん坊遊びほど、他者の存在を強く自覚させられる遊びはないのではなかろうか。他者は、仲間であり、追放した鬼であり、自分を救い出す救済者である。ここでは、自己と他者の関係は、複数の次元に分散し、複雑に絡み合っている。子どもたちは、こうした遊びを繰り返しながら、自己にとって不可欠な他者という存在の重さを感得してきたのである。ここには、自己と他者、日常と非日常、彷徨と漂着、追放と受容といった、まさに神話的な構造が息づいている。

こうした遊びのもつ神話的構造には、計り知れない意味が含まれている。子どもが大人になるということは、日常と非日常の反転する世界を経験し、鬼と救済者が複雑に絡み合った他者を受け入れていく過程にほかならないからである。ここには、子どもが「一人前」の大人になるための「原初的な経験」が仕組まれていたと言えるであろう。これを、文化人類学的に通過儀礼と呼ぶならば、現代の子どものゲーム化した遊びをどう捉えたらよいのか。藤田は次のように述べている。

「隠れん坊がそれとはなしに形造っていた相互主体性の世界は、こうして二十世紀的現実の中で精神の存否をかけてその実現が希まれることとなった。過剰な技術化を通して人間の理性がことごとく製品と装置と官僚機構と事務所に吸収されて「物化」したため、かえって理性はそれ固有の自由な働きを失って『理性なき合理化』へと幽閉されてしまったように、成年式もまたそれの『世俗化』と『合理化』の作用によってここに完全な終焉を遂げ『成人の日』という一個の墓碑銘へと変わり果てた。したがって、それが含み、それを関連した物語り群が含み、おとぎ話や隠れん坊が含んでいた死と復活、断絶と再生、中断と復帰の社会的経験もまた一掃された。(43)」

いつしか学校制度が、通過儀礼を担う共同体にとって代わった。現代では、入学、卒業、資格取得、就職、研修、管理職試験というように整備された社会システムが、通過儀礼の役割を果たしている。日常化され、システム化されたライフステージ。しかし人間の生は、日常性という明るい階段を上るだけでは満足しない。無意識のうちに陰や闇の部分を追い求めている。隠れん坊遊びにおいては、鬼や強いられた仮死状態が、陰の部分を象徴している。しかし、ある時期から、子どもの世界から隠れん坊遊びが見られなくなった。その神話学的意味について、芹沢俊介は、次のように解読している。

「いくらか根源的にいえば、光と闇、つまり生と死がきちっと私たちの宇宙を構成していたその構造が崩れてきたということでしょう。死がどこかうさん臭くて気味が悪いものだというふうにして追い払われていき、明るい生の部分だけが強調されてきた、そういう現在のあり方とどこか根源的に対応している。かくれんぼ遊びが今見えなくなったということでも、心のどこかでそういう構造を求めている自分たちがいて、そういう自分がＵＦＯのようなものを見てしまう。いわば影の部分を欲求している私たちの心をそういうところに感じ取ることができるんではないかという気がします。(44)」

社会の近代化とともに、子どものまなざしから、光と闇、生と死が入り混じった世界が消えつつある。しかし、芹沢がいみじくも指摘したように、子どもたちは、そうした異界や迷路のない透き通った日常性だけで満足しているわけではない。子どもは、実は無意識のうちに生と死の入り交じった世界を求めているのである。こうした事例の一つとして、湯本香樹実の児童文学作品『夏の庭』(45)を取り上げてみたい。

物語は、小学六年男子のクラスメイト三人が経験したある夏の出来事である。夏休み前に山下の家の祖母の葬儀があり、人が死んで焼かれるというのはどんなものか、人が死んだ姿を見たことがあるかなどの話題が、三人の間で持ちきりになった。夏休みに入ると、三人は、町はずれに一人暮らしの老人が住んでいることを発見する。そして「人が死ぬのを見てみたい」という好奇心から、彼らはその老人の生活を垣根越しに観察しはじめる。

不思議なことに、観察を始めた頃は、家の周りにゴミ袋が放置され、庭も雑草が伸び放題だった老人の生活は、少年たちに見られていることを意識するようになると、次第に元気を取り戻す。最初は、老人と敵対関係にあった子どもたちは、庭の草取りをさせられたり、昔話を聞かされたりするうちに、次第に老人とうちとけるようになる。やがて老人は、たった一人で死を迎える。サッカーの合宿から帰ってそれを知った子どもたちは、愕然とする。死の現場に立ち会えなかったという理由からではない。あんなに心を通い合った老人が、突然いなくなったという喪失感に襲われるのだ。しかし、時の経過とともに、子どもたちは、老人の死を少しずつ受け入れられるようになる。そして最後には、死んだ老人のことを「あの世の知り合い」と思うようになる。

ここには、失われ、逝く者との関わり合いを通して、日常の世界を超えた異界をごく自然に受け入れる子どもたちの姿が淡々と描かれている。この物語は、子どもにとって他者とは、家族や遊び仲間だけでなく、町はずれに住む一人暮らしの老人でもありうることを示している。その老人は、人が死ぬことの意味と「あの世」の存在を、子どもたちに静かに教える役割を果たしている。老人は、草むしりや庭掃除などの、この世の知恵を教える者であるばかりではない。この世とあの世の橋渡しの仕方を子どもたちに教える存在でもある。[46]

教育関係論において、「教師―生徒」「大人―子ども」という二項対立図式を克服するものとして、これまで「父―母―子」という三項関係、[47]「社会的おじ」の存在意義、[48]「子ども―動物」関係[49]などの「教師―生徒」関係を超えた「第三者」の視点から教育関係を捉え直す研究がすでに提示されている。いずれも、教育関係論における現在の到達度を示すもので、見過ごすことのできない研究成果である。しかし、『夏の庭』に見られるように、「子ども」と「老人」の関係に着目することは、異界や死といった非日常的世界をも排除しない人間の多元的な関係からなる自己変成を考えていく上で、きわめて重要な視点を提示していると考えられる。

7　人間形成における「関係」の多次元性――子どもと老人をつなぐ物語

すでに述べてきたように、「教育関係」と言えば、これまでは、教師が教え、生徒が学ぶという二項対立図式で理解されてきた。子どもの主体的な活動が大切だ、いや教師の計画的指導が必要だという、子どもと教師という対立軸をめぐって、教育関係の議論がなされてきたが、以上述べてきたような地平に立つならば、こうした議論がいかに制度化された言説に囚われた狭隘なものでしかなかったかが理解できるはずである。

そこでは、子どもの主体的活動や自立を促すことと教師の計画的指導とが一対の技術的関係をなしており、子どもは「生徒」として、「教師」の前に立つ限り、「教師」の指導のまなざしから逃れることはできない。しかも、自立や労働、生産性といった概念が「大人」を表象するものとして考えられている。ここでは、「大人」という存在に揺らぎがない。「大人」はすでに自明なものであり、問いの対象にはならない。そして「子どもの問題」はつねに「教育問題」であって、大人自身の問題からは切り離されている。こうした二項対立の「大人－子ども」、「教師－生徒」関係論の決定的な難点は、「教育問題」や「規範問題」だけが突出して、そもそも子どもが「大人」になるとはどういうことか、「大人」とは自明なものなのか、そして老年期や死を迎えることの意味は何かという、**人間の自己生成**（Selbstwerden）にとっての不可欠な問いかけが、全く欠落していることである。

「大人」と「子ども」は、決して実体概念ではなく、人間のある側面に切れ目を入れて分節化した関係概念に過ぎない。すでに指摘したように、「大人－子ども」、「教師－生徒」という対概念の優位の背景には、生産中心の台形型のライフサイクルが前提とされている。そこでは、「大人＝壮年」が中心（発達の頂点）であり、「子ども」と「老人」は周縁に位置づけられている。したがって、いま求められていることは、ライフサイクルにおける「大人」の脱中心化を図ることである。それは、中心を「子ども」に移動すべきだということでもない。どこかを中心化するという発想自体を止めることが必要である。いいかえれば、「子ども」、「大人＝壮年」、「老人」の差異化と同一化の新しい基準を模索することが必要である。

すでに提示した「誕生―子ども期―壮年期―老年期―死」という円環型のライフサイクルを生きる人間の物語は、まだ成熟したかたちで語られることが少ない。このことは、何よりもまず「大人」自身が、台形型のライフサイクルの物語に囚われているということを示している。「子ども」とは何かという問題を解く鍵は、大人と子どもを分節化する隠された文化の構造（コード）にあることを指摘したのは、ベルリン自由大学教授のレンツェン（D. Lenzen）である。彼がその著書『子どもの神話学』の中で全エネルギーを投入したのは、「子ども」の問題ではなく、「大人」とは一体何であったのか、また何でありうるのかという問題であった。そこでは、レヴィ＝ストロース（C. Lévi-Strauss）の文化人類学とアリエス（Ph. Ariés）の社会史的研究が「大人」研究の基礎を提供している。レンツェンは、次のように述べている。

「子どもの消滅や子どもに関する言説は、実は子どもが問題なのではなく、大人自身が問題であることは、明白である。大人という存在やその自己理解が不確かなものになってきているのである。したがって、子どもについて大人が述べるということは、とりもなおさず大人が自己自身について述べることに等しいのである。」(50)

レンツェンと同じ研究グループに属するヴルフも、編著書『教育人間学入門』（一九九四年）の方法を、歴史的人間学（Historische Anthropologie）と称して、一定の共同体において、大人であること、熟達すること、経験することの意味を繰り返し問うてきた[51]。このように、ベルリン自由大学の歴史的人間学・学際センター（Forschungszentrum für Historische Anthropologie an der Freien Universität Berlin）に集うベルリン学派の研究者たちは、いずれも「大人」や「子ども」、そして「教師」や「生徒」を超歴史的に実体視する議論からは、とうに抜け出して、人間の意識の深層をも視野に収めた歴史的人間学の広大なパースペクティヴから、「人間」を再定義する研究を積み重ねてきた。

こうして、問題は、大人と子ども、教師と生徒を分節化する共同体の文化の構造の問題に帰着する。そこでは、「大人」とは何かが、改めて問われざるを得ない。ごく単純化して言えば、大人とは、何らかの共同体を前提にした集合概念である。共同体のないところに大人は存在しない。その労働と社会性を通して、ある共同体を担う者が大人であり、その共同体に養われる者が、基本的に子どもである。そこでは、共同体を構成する者の全員が共有する物語が不可欠である[52]。この物語は、その構成員が前世代から継承し、後世代へと引き継いでいくものである。かつての日本には、「一人前」や「一丁前」、「半人前」という共通の物語や規範が生きていた[53]。共同体や職人文化がすでに崩壊した現代社会において、こうした「大人になること」の物語をどう再構築できるのかが、これからの教育関係論の重要な課題の一つとなるはずである。「大人になること」の解釈学の試みの一つとして、すでに紹介した認知心理学の成果をあげることができるだろう。

すでに述べたように、現在の認知心理学や社会人類学では、「社会的世界」や「実践共同体」(54)（community）という概念を抜きにして、学習を考えることはできない。そこでは、学習者は、実践共同体というテキストをどう読み込むかを学習する。教師が教え、子どもが学ぶのではない。また、相互に教え合うというのでもない。新参者が共同体というテキストを読み込み、先行者の仕事を見様見真似で模倣しながら、その共同体の中心部に向かって参加していく過程が学習である。ここでは、他者は、社会的世界を共同して構成する相手として位置づけられる。他者なしに自己は存在しない。学習とは、基本的に言って他者と関わり合う過程で獲得するものにほかならない。他者とは、「その背中を通して」新参者を共同体に招き入れる招待者である。ここでは社会的世界や共同体という関係の編み目がまず先行し、その編み目の中で、自己や他者が立ち現れる。はじめに社会的世界を構成する関係がある。はじめに場（τόπος）があり、その後に、自他の区別が可能となる。

家族であれ、地域社会であれ、職場であれ、ボランティア集団であれ、人間生成を、こうした関係が編み上げられる場所（トポス）の中で考え直すことが必要である。そこには、社会的世界を共に構成しつつある親、兄弟、クラス仲間、遊び仲間、教師、地域の多数の大人たちが存在する。そこで、子どもが出会う一つひとつの出来事は、一定の共同体を担い、その作業の文脈における熟達を志向するものとして解釈することができる。認知心理学における経験の概念は、社会的世界、文脈、作業というベクトルを志向している。それは基本的に他者と交じり合い、共有することが期待されている経験である。他者は状況を共有する相手なのだ。それは、共同体志向の経験と言うこともできるだろう。

とはいえ、問題はそう単純ではない。経験（Erfahrung）には、**外部としての他者に出会うという意味も含まれているからである**。子どもの頃のベンヤミンにとって、教師という他者はどのように描き出されているのか。教師は、子どもの世界からは想像もできない大人という不可思議な世界の住人である。教師は子どもの世界の外部に生きており、思いも寄らない世界を子どもに垣間見せる他者である。彼は教師でありながら、教える存在としてではなく、**子どもの世界の外部に立つ他者として**立ち現れる。だから、子どものまなざしから見れば、教師は、尊敬と反発、受容と反抗を繰り返す相手なのだ。彼は、子どもにとっての外部、期待と不安の入り交じった摩訶不思議な世界の住人なのである。

ある心理学者は、大人、教師は、一方で子ども、生徒と状況を共有するような関係を構成しながらも、他方で、彼らの無際限な要求を拒否する「障壁」にならなければならないと述べている[55]。大人は、基本的に子どもの世界の外部に立つ他者である他はないからである。『夏の庭』にも描かれているように、大人、老人は、子どもの外部に立つ他者であるからこそ、その存在自体がミメーシスを呼び起こすのである。

子どもの世界の外部に立つのは、教師ばかりではない。隠れん坊をして遊ぶ子どもたちにとって、鬼になったり、巣籠もり状態で隠れるという経験は、無意識のうちに世俗を超えた異界とこの世を行き来する経験を意味している。そこには、家族や遊び仲間といったこの世の関係だけでなく、この世と死者や祖先の住む異界との往来をも可能にする関係が成立している。現代の「いじめ」が、共同体における異質なるものの排除という側面があるとすれば、隠れん坊遊びは、まさにそうした聖と俗、穢れとハレの循環を身をもって子どもに教えていたと考えられる。(56)

すでに触れた『他界と遊ぶ子供たち』の中で、芹沢俊介は、都市化、情報化の波の中で、浮遊化し、生の感覚が希薄になった青少年が、システムからの離脱を求めて死と戯れるようになったという事実を多数報告している。(57) 芹沢も指摘するように、日常生活から異界や死者との対話が消えはじめた、ちょうどその頃から、子どもが死を追い求めるようになったという文明の逆説を考えないわけにはゆかない。異界あるいは超越との関係を排除して、日常性のレベルだけで完結した人間形成論を構成することの限界が、いまや誰の目にも明らかになりつつあるのではないか。

子どもが成長して、大人になるとはどういうことなのか。現代は、その筋道が見えにくくなった時代である。そこには、「教育問題」だけでは到底片づけられない現代文明のパラドックスが潜んでいる。その問題の複雑さと深刻さが十分に自覚されないままに、「子どもの主体性を育てる教育」や教師の指導技術の開発ばかりが促進され、精緻化されていくという現実がある。子どもばかりでなく、壮年、老人までをも含めた人間の「自己変成のかたち」が不問にされ、制度化された「教育」だけが幾重にも凝り固められていく現実がある。

現代文明が諸制度を肥大化させてしまった結果、子どもの自己変成を背後で支えてきた緑豊かな関係という大地を疲弊させ、大人も子どもも、荒れ果てた大地で「自己変成のかたち」を模索しなければならなくなったという危機意識を共有することが、何よりもまず必要なのではないか。教育関係論は、近代教育学や学校教育のモデルを超えた歴史人間学的な地平で再構成されなければならない状況にある。

註

（1） Litt, T : *Führen oder Wachsenlassen*, B.G. Teubner, 1927. リット（石原鉄雄訳）『教育の根本問題――指導か放任か』明治図書、一九七一年。

（2）「教師－生徒」、「大人－子ども」、「親－子」という近代教育学に固有の概念構造の有する問題点を「メタ教育学」の視点から批判的に研究してきたのが、本章のもとになった『教育関係論の現在――「関係」から解読する人間形成』（川島書店）の共著者、宮澤康人氏である。宮澤氏の「教育学」の枠組みを遙かに超え出た巨視的なパースペクティヴのもとでの「教育関係史」研究からは、筆者も多くの示唆を受けている。宮澤康人『大人と子供の関係史序説――教育学と歴史的方法』柏書房、一九九八年。大人と子供の関係史研究会編『大人と子供の関係史、I、II、III』東京大学教育学部教育史研究室、一九九四年、一九九六年、一九九八年。

（3） 発達心理学者と教育学者の共同研究のもとで編集された岩波講座『子どもの発達と教育』（全8巻、一九七九～八〇年）は、「子ども・青年」の発達を鍵概念として、教育学の再構成を試みたシリーズであると言うことができる。逆にいえば、人間生成における壮年期と老年期のありようへの関心は、希薄である。

堀尾輝久『人間形成と教育——発達教育学への道』岩波書店、一九九一年。

（4）子どもが現実に生きている社会的世界を超越して、一人歩きをはじめる自立志向の発達段階論の規範性の問題点に関しては、ピアジェやコールバーグの発達理論を事例にして、下記の著書で指摘したことがある。拙著『子どもの自己形成空間——教育哲学的アプローチ』川島書店、一九九二年、一八四頁。

（5）浜田寿美男『個立の風景——子どもたちの発達のゆくえ』ミネルヴァ書房、一九九三年、一五〇頁。

（6）拙著『文化変容のなかの子ども——経験・他者・関係性』（東信堂、二〇〇二年）第十一章を参照されたい。

（7）浜田寿美男、前掲書、一五五頁。強調部分は、引用者のもの。

（8）田中毎実『臨床的人間形成論へ——ライフサイクルと相互形成』勁草書房、二〇〇三年。鈴木聡『世代サイクルと学校文化——大人と子どもの出会いのために』日本エディタースクール出版部、二〇〇二年。

（9）J・F・リオタール（小林康夫訳）『ポスト・モダンの条件——知・社会・言語ゲーム』白馬書房、一九八九年。

（10）E・フッサール（細谷恒夫・木田元訳）『ヨーロッパ諸学の危機と超越論的現象学』中央公論社、一九九五年。M・ハイデガー（原佑・渡邊二郎訳）『存在と時間』中央公論社、一九七一年。宮澤康人編『教育文化論——発達の環境と教育関係』放送大学教育振興会、二〇〇二年、二九～三六頁。

（11）宮澤康人「共同体・*Bildungsroman*・教育史の課題——〈教養〉の社会史の足ならし」『大人と子供の関係史の方へ——教育史認識の広がり』所収、匠平出版、一九九五年、五六頁。

（12）小浜逸郎『大人への条件』ちくま新書、一九九七年、一三頁。

（13）人間のライフサイクルを、台形モデルと円環モデルという二つのイメージで捉えようとする見方は、広井良典の下記の二著における「直線としてのライフサイクル・イメージ（A）」と「円環としてのライフサイクル・イメージ（B）」との対比図から貴重な示唆を受けたことを、ここに記しておきたい。広井良典『ケアを問い直す――〈深層の時間〉と高齢化社会』（ちくま新書、一九九七年、二〇〇頁）、『死生観を問い直す』（ちくま新書、二〇〇二年、八六頁）。

(14) 鷲田清一『老いの空白』弘文堂、二〇〇三年、一〇一頁。

(15) E・デュルケーム（佐々木交賢訳）『教育と社会学』誠信書房、一九九五年。

(16) ――――（麻生誠・山村健訳）『道徳教育論』明治図書、一九六八年。

(17) P・L・バーガー／T・ルックマン（山口節郎訳）『日常世界の構成――アイデンティティと社会の弁証法』新曜社、一九八五年。

(18) P・L・バーガー／B・バーガー／H・ケルナー（高山真知子他訳）『故郷喪失者たち――近代化と日常意識』一九七七年、八五頁。本書の原題は、*The Homeless Mind (1973)* である。

(19) 前掲書、八六頁。

(20) E・ゴッフマン（浅野敏夫訳）『儀礼としての相互行為〈新訳版〉』法政大学出版局、二〇〇二年。

(21) 筆者は、「現実」(actuality) とは、決して予め一元的に確定された実体ではなく、場（トポス）を共有する参加者によって構築され、変成されていくものであることを、左記の論文で説明した。拙稿「人間形成における〈経験〉の位相――〈現実〉の多義性と〈経験〉の異化運動を中心に」、小笠原道雄監修『近代教育の再構築』所収、福村出版、二〇〇〇年、一五九頁。本書第六章に収録。

(22) J・レイヴ／E・ウェンガー（佐伯胖訳）『状況に埋め込まれた学習――正統的周辺参加』産業図書、二〇〇三年。J・レイヴ（無藤隆他訳）『日常生活の認知行動――ひとは日常生活でどう計算し、実践するか』新曜社、一九九八年。

(23) J・レイヴ／E・ウェンガー（佐伯胖訳）『状況に埋め込まれた学習――正統的周辺参加』産業図書、二〇〇三年、二六頁。強調ゴシックは、引用者のもの。
(24) 前掲書、七四頁。
(25) 前掲書、一五〇頁。
(26) 辻本雅史『「学び」の復権——模倣と習熟』角川書店、一九九九年、一六〇頁。
(27) W・ベンヤミン（浅井健二郎編訳・久保哲司訳）「一九〇〇年頃のベルリンの幼年時代」『ベンヤミン・コレクション　第三巻——記憶への旅』所収、筑摩書房、一九九九年、五一四頁。強調部分は、引用者のもの。
(28) 前掲書、五一五頁。
(29) *Ch. Wulf (Hrsg.): Einführung in die pädagogische Anthropologie.* Weinhaim und Basel, 1994.
Ch・ヴルフ（今井康雄訳）「教育におけるミメーシス」、Ch・ヴルフ編（高橋勝監訳）『教育人間学入門』所収、玉川大学出版部、二〇〇一年、二八頁。強調ゴシックは、引用者のもの。
(30) 前掲書、二五頁。
(31) M・ブーバー（植田重雄訳）『我と汝・対話』岩波文庫、一九八四年、八〇頁。
(32) W・ベンヤミン（浅井健二郎編訳・三宅晶子他訳）「模倣の能力について」、『ベンヤミン・コレクション、第二巻——エッセイの思想』所収、筑摩書房、一九九九年、七六頁。
(33) 前掲書、七七頁。
(34) 前掲書、八一頁。
(35) イタール（古武彌正訳）『アヴェロンの野生児』福村出版、一九七九年、一〇五頁。
(36) W・ベンヤミン（浅井健二郎編訳・三宅晶子他訳）「経験と貧困」『ベンヤミン・コレクション　第二巻——エッセイの思想』所収、筑摩書房、一九九九年、三七四－三七五頁。
(37) 前掲書、三八二頁。
(38) 筆者は、下記の論文で、人間形成において「受苦的経験」の有する人間学的意味を解読した。

拙稿「〈経験〉の人間学の試み——経験・他者・受苦性」『臨床教育人間学研究』第一号、臨床教育人間学会編、世織書房、二〇〇三年（本書、第三章に収録）。

(39) W・ベンヤミン、前掲書、五九二頁。

(40) 前掲書、五九三頁。

(41) 前掲書、三八三頁。

(42) 藤田省三『精神史的考察——いくつかの断面に即して』平凡社、一九八五年、三〇頁。

(43) 前掲書、三七頁。

(44) 芹沢俊介『他界と遊ぶ子供たち』青弓社、一九九三年、一三一頁。

(45) 湯本香樹実『夏の庭——*The Friends*』福武書店、一九九二年、二二二頁。

(46) 赤坂憲雄『異人論序説』砂子屋書房、一九八七年、二七六頁。

(47) 宮澤康人『大人と子供の関係史序説——教育学と歴史的方法』柏書房、一九九八年、三八頁。人間形成において、「親－子ども」「教師－生徒」という二者関係ではなく、「父－母－子ども」「教師－生徒1－生徒2」という三者関係から考察する必要性については、以下の論文を参照のこと。宮澤康人「教育関係の誤認と〈教育的無意識〉」高橋勝・広瀬俊雄編著『教育関係論の現在』（川島書店）二〇〇四年、所収。

(48) 亀山佳明「社会的オジの不在」、『子どもの嘘と秘密』所収、筑摩書房、一九九〇年。

(49) 矢野智司『動物絵本をめぐる冒険——動物－人間学のレッスン』勁草書房、二〇〇二年。

(50) *D. Lenzen : Mythologie der Kindheit, Die Verewigung des Kindlichen in der Erwachsenenkultur, Versteckte Bilder und vergessene Geschichten*, Hamburg, 1985, S. 11. 強調部分は、引用者のもの。

(51) 歴史的人間学の方法で考察されたヴルフ教授の主要な著作には、下記のものがある。
Ch. Wulf (Hrsg.) : Einführung in die pädagogische Anthropologie, Weinhaim und Basel, 1994.
Ch. Wulf (Hrsg.) : Vom Menschen, Handbuch Historishe Anthropologie. Weinhaim und Basel, 1997.

G. Gebauer / Ch. Wulf : Spiel, Ritual, Geste, Mimetische Handeln in der sozialen Welt. Hamburg, 1998. *Ch. Wulf : Einführung in die Anthropologie der Erziehung.* Weinhaim und Basel, 2001.（本書は、玉川大学出版部より翻訳出版の予定である。）

(52) P・リクール（久米博訳）『時間と物語 I～III』新曜社、一九九九年。

(53) 宮本常一『家郷の訓』岩波文庫、一九八七年。

(54) 田辺繁治・松田素二編著『日常的実践のエスノグラフィ――語り・コミュニティ・アイデンティティ』世界思想社、二〇〇二年。田辺繁治『生き方の人類学――実践とは何か』講談社、二〇〇三年。

(55) 河合隼雄「子どもの倫理と道徳性」『岩波講座、教育の方法9――子どもの生活と人間形成』所収、岩波書店、一九八七年、三五四頁。

(56) 赤坂憲雄、前掲書、三〇〇頁。

(57) 芹沢俊介、前掲書、一三二頁。

第三章　受苦的経験の人間学

近年、青少年の「経験の貧困化」が問題視されている。一九八〇年代以降、高度の情報化や消費社会化の進行に伴って、「鉛筆も削れない子ども」や「キャンプで火も熾せない子ども」が増えたという嘆きが、主に教育関係者の間で繰り返されてきた。子どもたちに、もっと生活体験や経験をさせるべきだという主張の背後には、「経験の貧困」が、現在の青少年の野生の欠如と手先の不器用さを生み出したのではないかという危機意識がはたらいている。

また、経験は、問題解決的な学びにとっては不可欠であり、試行錯誤的な経験をくぐることが、問題解決の力を蓄えるのだという見方も、教育学においては、すでにお馴染みであろう。観念的な学習では達成できない「現実」の問題解決の力を生み出す母胎が、経験にあるというわけである。

従来の教育学、とりわけプラグマティズムの教育学は、経験をこのように自然主義的に理解することで、その人間形成への有効性を強調してきたが、しかし、実はそれによって、経験の最も重要な側面が見失われてきたのではないかと考える。それはどのようなことか。

経験（Erfahrung, experience, expérience）という言葉は、実に多種多様に使われるが、そこには大きく言って二つの側面があると考えられる。

まず「経験のある医者」、「経験のある教師」といぅ言い方に象徴されるように、ある個別の問題を処理する技量を習慣的（身体的）に蓄積している状態をさす場合がある。後で見るように、アリストテレスの経験（empeiria）の概念やゲーレン（A. Gehlen）のいぅ、経験の「負担（Belastung）軽減」機能がそれである。それは、これから起こるであろぅ未知なる事態（難しい手術、生徒の「問題行動」の指導など）を、既知の蓄積された技量によって対処しようとする立場である。ここでは、経験の意味は、制度化された「日常性」の網目の中にすっぽりと埋め込まれている。日常的な問題を処理できるようになること、それが経験の効用なのだといぅわけである。

けれども、経験をこのように自然主義的に解釈してしまうと、経験の有する、さらに重要な側面が抜け落ちてしまう。経験には、そうした「負担軽減」の機能を越えて、「日常化された現実」そのものを反転させ、それまで見えなかった「新しい現実」を開示するはたらきが仕組まれているからである。これを仮に、経験の「前言語的な自己反省的（self-reflexiv）作用」と呼んでおこう。それは、「鉛筆も削れない子ども」、「キャンプで火も熾せない子ども」の単なる不器用さ、脆弱さという問題だけではなく、一元的に固定化された世界地平の貧しさを顕わにする。

本章では、経験の意味を現象学的人間学の手法で解読したいと考えるが、それは経験が、従来考えられていたような、平板に固定化された現実（reality）に習熟することとは次元の異なった問題を含んでおり、いわば意味が幾重にも折り重なった重層的な空間、つまり行為者の行為によって、思いがけず開示されるactualな意味の磁場で生じるものであることを提示したいからである。それは、強固に固定化された「日常性」を大きく揺るがし、そこに亀裂を加え、「現実」の内包するもう一つの新たな相貌を開示するはたらきをもつ。つまり、経験には、「日常化された現実」(述語的世界)を覆し、それまで隠蔽されていた「もう一つの現実」(カオス的な前述語的世界)が顕わにされるという作用が含まれている。近代教育学は、経験を子どもの生活力(Lebenskraft、ペスタロッチ)の増強作用として読み取ることで、かえって経験の豊かなメタモルフォーゼ(自己変成、Metamorphose)のはたらきを排除してきたと考えるからである。

1　負担軽減としての経験

1　制度化された経験

人間生活における経験の重要性を深く認識していたアリストテレスは、次のように言う。

「経験(empeiria)が人間に生じるのは記憶(mneme)からである。というのは、同じ事柄についての多くの記憶が、やがて一つの経験の活用能力をもたらすからである。(中略)実際に行為する上では、経験は技術にくらべてなんら遜色もないように見える。のみならず、むしろ経験家の方が、経験を有しないで概念的に原則だけを心得ている者よりも、はるかにうまく当てる。その理由は、経験は個々の事柄についての知識であり、技術（tecknê）は普遍についての知識であるが、行為（praxis）や制作（poiêsis）は、すべてまさに個々特殊な事柄に関することだからである。」（四頁）

これを読むと、アリストテレスにとって経験とは、単なる認識論上のカテゴリーではなく、実生活における行為や「個々特殊な事柄」の問題処理に関わるカテゴリーであったことがよくわかる。一般に「経験のある看護者」とは、ただ単に長い歳月をかけて治療にあたってきた人を表すだけではない。その歳月の間に、治療に関する実践的な知見を多数蓄積し、その知見に基づいて、即座に治療行為に当たれる力量を具えた人のことをさしている。

このように、経験を人間の行為上の問題処理能力の蓄積として理解し、さらにこれを「日常性」（社会制度）を構成する重要な機能として捉えたのが、ゲーレンであった。彼は哲学的人間学の立場から、人間をヘルダーのいう「欠陥生物」（Mangel Wesen、本能的適応能力を欠いた生物）として理解し、文化や制度こそが、自己保存の力を優に越えた人間のカオス的で、破壊的な「過剰なエネルギー」に水路を与えるものと考えた。そして経験の有する人間学的意味を、問題処理行為における「負担軽減」の機能に求めた。ゲーレンは言う。

「経験は、伏在する多くの可能性のうちから、はっきりと規定された可能性だけを選び出す。このために、**現実離れのした可能性への関心はすべてうち捨てられていく**。このことは、われわれの身体に具わっている無数の作業傾向のうちで、不要のままにおかれるものが決定的に退化してしまうのと同様である。」（二二頁、強調部分は引用者のもの。）

このゲーレンの指摘をまとめて言えば、以下の二点になる。

第一に、経験はこの現実が見せる無限に多様な相貌（カオス状態）に対して、ある一つの可能性だけを選択して、固定化し、それに習熟することを教える。経験は「現実の選び取りと固定化」を可能にしてくれる。ここで重要なのは、ゲーレンが「現実」は一つではなく、「選び取られ、構成されるもの」であると理解している点である。人間学は、「現実」とは所与のものではなく、構成されたものであることを前提としている。

第二に、こうした経験の有する「負担軽減」と「活用と決済」の機能は、それ以外の多様な現実の相貌を「断念し」、「排除する」ことによって初めて可能となる。まさに経験によって、秩序化された「現実」が構築され、安定した「日常性」（Alltäglichkeit）が姿を見せることになる。

このように、ゲーレンにとって、経験とは「実習であり、取捨選択であり、創造と構成」なのであるが、彼はそれによって、もともとは切れ目のないカオス的世界（『嘔吐』でサルトルが描き出したような無の世界）に人間が直面する恐怖から逃れることができるという意味でも、「負担軽減」の機能を重視している。経験こそが、自己の生命保存の力を優に越えた「過剰で破壊的なエネルギー」に水路を与え、カオスに秩序や輪郭、そして行為の文脈を与え、共同化された制度を構成していく母胎であると考えたのである。その意味では、ゲーレンのいう経験とは、「未知性を既知性の網目の中に取り込んでいく、絶えざる包摂運動」であったと言うことができるだろう。

2　「日常性」を固定化する経験

たしかにゲーレンのいう「負担軽減」理論をすべて否定することはできない。いうまでもなく、人間生活は、何らかの制度や約束事の上に成り立っており、その共有化された文脈における「経験のある看護者」、「経験のある建築技師」、「経験のある教師」などの存在を必要としているからである。学びには、こうした習熟の側面があることは確かに否定できない。この点について、論文「経験と学び」の中で、ディークマンもこう書いている。

「経験の人間学的概念は、行為（Verhalten）の理論というよりも、行動（Handeln）の理論であったし、学びとは、体験の部類に属する習慣的な問題処理であった。この習慣形成は、「問題の処理」と「自由な統制」に貢献するものであり、したがって、世界からの過剰な刺激を減少させ、「継続的に繰り返される基礎的な経験」（Gehlen）の負担を軽減させるものである。」（Dieckmann, Ch. Wulf, Hrsg. 1994A, S. 101）

しかし、そうなると、学びや経験は、すでに慣習化され、制度化された「日常性」の後をなぞり、その既定の文脈だけを強固に支える「行動」となる他はない。

2 経験の原初的構造

1 フッサールにおける経験

経験は、人間が未知なる世界と対決せざるを得ない時代には、その不確実性を最小限度に縮めるための知恵としてはたらいてきた。既に述べたように、未知なるものを、既知なるものに組み入れていく絶えざる包摂運動としてはたらいてきた。その意味で、戦後の「経験主義」の教育理論が、科学や技術の立場から厳しく批判され、「教育の現代化」の理論に吸収されてきたのは、ごく当然のなりゆきでもあった。「自由な意志」と「自然の掟」という単純な二元論の世界（近代社会）に、人間が住むようになってからは、経験は、ストレートに「自然の掟」を知るための道具（「経験科学」という認識論的カテゴリー）となる。それは、あらゆる先入見（ドクサ）やイドラを破壊するための方法原理としてはたらき、その基点には、絶対的な自我が想定されてきた。自我は、繰り返される経験を重ねることで、自然を支配する力の強度を集積することができた。

しかしながら、それも実は重層的な現実の中の「一つの現実」に過ぎないことが、フッサールの現象学によって看破される。

フッサールの最晩年の著作『経験と判断』（*Erfahrung und Urteil*. 1938）の第一章で、彼は、「前述語的（受容的）経験」（die vorprädikative［rezeptive］Erfahrung）」の意味を論じ、述語的に判断された対象（S ist P）以前に、**人間には、その判断を根底で支える何らかの信念基盤（Glaubens-boden）としての世界（Welt）がすでに前もって与えられていること**を説得的に論じている。しかも、ここでは、経験（Erfahrung）は、実験科学の経験とは異なって、能動的であったり、構成的であったりするものではなく、**すでに与えられた生活世界における受動的（passiv）もしくは受容的な（rezeptiv）出来事**として説明されている。フッサールにおける「経験」は、絶対的な自我がその強度を増すために、志向的な意識活動によって、全世界を視界のうちに収めていくというものとは全く異なって、すでに与えられている生活世界から自己に押しつけられたもの、**「前もって与えられた世界」に身を委ねていくプロセスにほかならない**。フッサールは言う。

「存在する世界としての世界は、一切の判断活動、一切の端緒的な理論的関心に先だって、普遍的受動的に与えられるものである。」（二三頁）

「どんな規定も最終的なものではなく、現実に経験されるものは、同一物にかんする可能的経験の地平をつねに無限にもっていることを、わたしは納得する。そしてこの無規定な地平は、可能性の範囲として、さらなる規定のあゆみを指示するものとして、あらかじめ認められているもので、現実の経験のなかではじめてそのうちの特定の可能性が選びとられ、他の可能性を押しのけて実現させるのである。かくして、個別的事物にかんするあらゆる経験は**内的地平**（**Innenhorizont**）をもつ。」（二四頁、強調は原文。）

「われわれの求める最終根源的な意味での経験にかえっていこうとすると、そこにあるのは、いまだ観念化をしらず、むしろ**観念化の必然的な基盤となるような根源的な生活世界の経験**である。（中略）前述語的経験にかえっていき、前述語的経験の最深の最終根源的な層とはなにかを洞察することは、いまだ不精確な数学的物理学に観念化されない、最終根源的な明証性の領域たるドクサの正当性をみとめることに他ならない。」（37頁、強調ゴシックは引用者のもの。）

ここでは、述語的判断から前述語的経験へ、エピステーメーからドクサへ、構成するものから受容するものへ、観念化されたものから行為そのものへという、近代思想のパラダイムそのものを根底から揺るがす重大な転換が語られている。

2 「基礎づけられた経験」から「端的感性的な経験」へ

しかも、フッサールは、経験を問題にするときには、「基礎づけられた経験」と「端的感性的な経験」とを明確に区別しなければならないと言う。「基礎づけられた経験」とは、事後的、言語的に整理された経験であり、対象物は対象物としてすでに選択され、確定されている。その意味でこれは共約可能なものである。これに対して、「端的感性的経験」の方は、「受動的ドクサ」ないしは「受動的信念基盤」そのものにおいて生じる事柄であって、これは「具体的な意味で『経験』もしくは『経験する』と名付けられるすべてのものの基礎」（四四頁）でもある。したがって、経験とは、**生活世界における前言語的で感性的レベルにおける受動的な出来事をさしている**。あらゆる述語判断以前にある「信念基盤」において、「唯わたしに対してだけ存在する対象」（四八頁）の知覚（出会い）、これがフッサールにおける「端的感性的な経験」であり、「最も基礎的な経験」であると述べられている。フッサールは言う。

「現実に最終的かつ根源的な前述語判断の明証性に達するためには、このような基礎づけられた経験から、もっとも端的な経験へ帰っていかなければならないし、そのためには、すべての表現を排除しなければならないのである。なぜなら、表現の理解を含む経験はすべて、自然的な性質以外の性質の規定、たとえば道具としての規定などをもつ存在者を対象とするからである。」（四

六頁）

したがって、われわれは、「経験一般」は後回しにして、より根源的な経験である「純粋に感性的な経験」だけをまず問題にすべきだ、というのがフッサールの一貫した主張であった。上に引用した言葉を使うと、「すべての表現」に先立つ、人と他者、コト、モノとの関わり合いそのものを、彼は「端的感性的な経験」と捉えたのである。

3　経験と他者

ところで、近代教育学において、他者（der Andere）問題は、厳密な意味では存在しなかった。自我に対する他我、主人に対する奴隷、大人に対する子ども、「文明人」に対する「野蛮人」、理性に対する狂気などは、いずれも厳密な意味で教育学の視界に入ってはいなかったからである。というのは、他者は、自己に対立する相手ではあるが、プラグマティズムのコミュニケーション論（Dewey, Mead）や弁証法（Hegel, Marx）の論理を介在させることで、intersubjektiv に共同的な世界を構築していくことの可能な相手であり、媒体として理解されてきたからである。

そこには、自我を中心にしてあらゆる対象をその世界内に組み入れようとする欲望がはたらいてきた。M・ヴィマーは、注目すべき論文「他者への問い」の中で、従来の教育学は、他者の問題を対称的な鏡像関係において、言いかえると相互作用形式で捉えることによって、その「他者性」を薄め、コミュニケーションの世界に取り込んできたのではないかという重要な指摘をしている。それは、他者の問題をも、自我の自己活動の延長線上で融和的に捉え、最終的には調和的に視界に回収できるとする一元化の論理の現れと言える。「それは、主観性から相互主観性へのパラダイム転換によっても、根本的には廃棄されなかった」（一四五頁）ものである。他者という概念は、「同胞、共存性、汝、他我などの概念と同一視することはできない」（一四七頁）ものである。何故なら、ヴィマーによれば、他者とは「**主体的であることの限界として経験されるもの**」（一四八頁、強調は、引用者のもの）だからである。

他者との関係は、非対称なものであり、架橋不能なほどの断絶が存在するものである。したがって、他者との出会いは、「我がものを相手に決して投影できない」存在地平そのもののズレの経験となる。他者との出会いは、「社交性」などといったレベルではなく、むしろ「生活地平」そのものの亀裂という意味で、「疎遠な存在」（der Fremde）と言うべきである。

近代教育学においては、H・ノールの教育関係論がそうであるように、教師が生徒と出会う経験として、①教師の理解の枠組みの中に生徒をどう吸収していくかという、**教師中心**の関係論から、②〈教師―生徒〉の**相互関係性**をどう生み出すかという、相互性の方向で展開してきたが、レヴィナスの「他者論」は、単に自己とは異なるder Andereとしての他者ではなく、まさに**自己を脅かす不可解な相手**、der Fremdeとしての**他者の問題**を突きつけてきたのである。

これを経験の問題と絡めて考え直すならば、「他者」（der Fremde）は、私たちがそこに身を投げ入れることで見えてくる疎遠な世界そのものである。それは、行為者の予想をはるかに超えた反応を引き起こすという意味で、否応なく「もう一つの現実」を行為者に知らしめる。それは愉快な出来事ではなく、そこに身を投じた行為者に驚きや衝撃、不快感や苦痛を強いることになる。しかし、その出会いの経験を通して、「そこに私の理解を拒絶する他者がいる」という衝撃は、行為者の生活地平を相対化せずにはおかない。それは、自我の拡張論、他者の包摂論に限りなく近かった相互作用理論（interactionism）の理論的な甘さを根底から突き崩すインパクトを持っている。

それが子どもであれ、病人であれ、外国人であれ、他者に出会うということは、多かれ少なかれ自己の生活地平を越えた異界に直面することである。子ども、病人、外国人等は、いずれも私たちの日常的視界では理解できない世界を生きている。彼らを「教育し」、「治療し」、「日本語を教える」ということは、彼らを私たちの「日常性」に引き寄せることを意味するのではない。そうではなくて、**大人、健常者、日本人であることの「日常性」の限界をも経験することなのである。**今村仁司も指摘するように、コミュニケーションの原型は「歓待」（Gastfreundschaft, hospitality）であり、それは、もともと「日常性」の外部に生きる「異邦人」との交渉を意味していたのだ。むしろ他者こそが、私たちの生活地平の閉塞化を防ぎ、それを新たに流動化させていくきっかけをなしていたのである。その意味では、**他者はつねに未来に開かれ、流動化し、変成されていく経験が成立する根拠でもあるのだ**（注）。レヴィナスがそう考えたように、自己の生活地平とは別次元に生きる他者と出合うことで初めて、人は自己の日常性を越え出る契機をえて、「他者への責任」を感じ取ることができるのではないか。

このように、他者との関わり合いの経験の問題は、近代教育学が排除してきた**人間の根源的な弱さ、傷つきやすさ（vulnerability）の問題と経験のもつ受苦的性格の問題**を浮かび上がらせることになる。

（注）「他者」を自己の関与の及ばない純粋な外部領域として、アプリオリに設定することについては、鷲田清一は批判的であり、私もそう考える。「純粋な外部領域」を設定してしまえば、自己は初めから関与できなくなる。他者とは、初めから関与できない相手ではなくて、**関与のプロセスで「自己」の枠組みでは到底理解できない何かを残す者**と考えるべきであろう。鷲田はこう述べている。
「〈他〉という契機を〈自〉の『内部』へと併合してはならないが、逆に〈他〉という契機を〈自〉の『外部』として純粋化してもならない。後者の思考は、〈自〉の絶対的な『外部』という、思考や解釈の切り込めない純粋領域に設定してしまうという、逆転した純粋性の思考になっている。それはあいもかわらず、分割と包含——同化＝自己固定化——の思考なのである。」（鷲田、1997, p.30）

4　受苦的経験と臨床知の感得

ひとが経験するということは、他者、モノ、コトと身をもって関わることを通して、それまで見ていながら見えなかった、もう一つの深い現実（生き生きした現在、ヘルト）が見えてくることである。そこには、行為者の意図を越えた偶然性の広がりがあり、行為者が行為の主体であることとの限界が自覚される。当初の予想や期待が見事に裏切られ、日常性の延長上の熟達や習熟としてではない、もう一つ別の不安な現実が襲ってくる。

　経験を近代科学の実験と同じレベルで捉えるのではなく、このような偶然性、受動性、受苦性において理解し、そこにやむなく自己変容を迫られるパトス的（受動的）な人間の現実を掬い上げていく必要があるのではないか。人間の生活史とは、つねに計画的、能動的な自己形成の足跡なのではなく、多かれ少なかれ異界に住む他者と出会うことで、そこに折り合いを付けるために、結果として自己変容を遂げていくに過ぎないのである。自己変容を、自覚的にであれ、外在的にであれ、意図的、計画的に引き起こすことは不可能である。それは、経験する中で、メタモルフィックに自己変成すると考えるべきであろう。古代ギリシアの格言「受苦せしことは、学びなり」（ta pathemata, mathemata）という言葉は、まさに経験のそうした偶発的で、不条理で、受動的な性格を見事に言い表している。

　右に見てきたように、経験はこれまで主に二重の意味で捉えられてきた。

　第一に、問題処理能力を身体的に蓄積していくことで、同一もしくは類似場面における問題処理の時間を短縮せしめようとする「負担軽減」の機能であり、アリストテレスの言葉を使えば、それは「行為」や「制作」に関わる「活用能力」である。それは、「技術」ほどの普遍性はもたないが、

「個々特殊の事柄」に関する身体化された知であり、経験は、ここでは「未知性」を「既知性」の網目の中に絶え間なく回収していく運動として理解することができる。

しかし、第二に、経験は、述語的判断以前の無規定な地平において、他者やモノとの関わり合いを通して、その生活地平そのものが何らかの変容を起こす母体でもある。ここには、「負担軽減」や「活用と決済」によって「うち捨てられた」（ゲーレン）「もう一つの可能な現実」が息を吹き返し、「日常性」とは異なった現実が立ち現れてくる契機が潜んでいる。すなわち、第一の経験とは逆に、「既知性」（日常性）から逃れ、「未知性」（可能な現実）へと突破する可能性が、経験には内在しているということである。これを私は、経験の制度化、凝固性と対比して、「経験のメタモルフォーゼ（Metamorphose）」と呼んできたのである。経験それ自体が、つねに新たな生活地平を「自己変成」する働きをもつからである。

フッサールと同じく現象学の立場から経験の問題を論じたハイデガーは、ヘーゲルの経験概念を解釈しながら、次のように書いている。

「経験の決定的な本質は、経験の中で意識に新しい真なる対象が発現するという点である。ここで肝心なことは、真理性の成立という意味での新しい対象の成立ということであって、ある対象が何か向こうにあるものとして認知されるということではない。（中略）経験（Das Erfahren）とは、意識が、これが存在する限り、それの概念へ向かって出掛けていく（ausfahren）行き方である。このように、手をさしのべて、出掛けていくこと（Auslangen）は、現れ出る真理において、真理性の現出に届くのである（erlangen）。」（一六七頁）

このように、ハイデガーにとって経験とは、「意識に新しい真なる対象」が発現することである。それは、それまでは向こう側にあった対象に「手をさしのべること」を意味する。それは、新たな対象とその意味を引き立て、開示することによって、自己の生活地平そのものが編み上げられていくことを意味する。それゆえに、**経験とは新しい地平を獲得し、世界という意味が生起する母体であると言えるのだ。**また、現象学的地理学者のトゥアンも、ハイデガーのこの見方をいっそうおし進めて、経験とは、受動的なもの、苦痛を帯びたものであることを強調している。

「経験という言葉は、受動性という含意をもっており、人が耐え忍んだこと、もしくは、人が被ったことという意味を暗示している。（中略）経験とは、自分が被ってきたことから学ぶ能力という意味をもっている。経験するとは学ぶことであり、与えられたものに働きかけて、そこから何かを生み出すことである。与えられたものは、それ自体では知りようがない。われわれが知ることができるのは、経験によって構成された、つまり感情と思考とによって、作り出された現実の世界なのである。」（一一頁）

さらに、よく知られているように、ボルノーも、経験科学的で反復可能な「経験」（Empirie）と一回的な「経験」（Erfahrung）とを峻別して、人間形成においては、後者の有する重要な意味を指摘した。すなわち、Erfahrung は、fahren という動詞から派生しているが、fahren とは、もともと「見知らぬ土地を行く、旅をする」という意味で、前綴りの Er は、「あることを耐えてやり抜く」という意味があるから、それは、「日常性」を越えた世界への彷徨を意味する。

したがって、Erfahrung とは、もともと旅という越境行為であり、羊の群れを追う遊牧民（nomads）のように、見知らぬ土地を彷徨い歩き、予期しない出来事から心身の苦痛を被りながら、**自己の生きる地平を actual なものにしていく営みなのである。**

経験科学的「経験」（Empirie）は、能動的、計画的で、反復可能であり、その意味で万人共通の real な現実を捉えるように見えるが、それは、私たちの生きる生活地平を意味深く捉え直すことはできない。そこには、自己反省的（self-reflexive、メルッチ）契機が見られないからである。人間の自己形成においては、むしろ未知性、偶然性、受苦性を表す実存的な Erfahrung（異界への旅）の有する豊かな人間学的意味を再評価する必要性があるであろう。

ところで、現代において個人の行為が社会的な基盤を失い、ますます「自己反省（再帰）的なもの」（self-reflexiveness）にならざるを得ない理由について、A・メルッチは以下のように記している。

「社会変動のペースが加速し、個人が多くの組織に所属し、また個人に投げかけられる可能性や情報が増大したために、いままでアイデンティティの拠り所となってきた伝統的な参照ポイントである教会、政党、人種、階級などの権威は弱体化した。『私はX、Y、Zである』と個々人が確信をもって言い続けることのできる可能性は、ますます不確かなものとなりつつある。『私はいったい何者であるか』と問い続け、何が自己の生活史の連続性を確証するのかについて再構築することが、ますます必要となっている。現在パーソナル・アイデンティティは『故郷喪失状態』となり、たえまなしに変貌する状況や出来事に対応して、個人は自己の『故郷』をたえず再構築し続けなければならない。」（一三二頁）

パーソナル・アイデンティティの成立根拠を何らかの集団に求めることが、もはや不可能な社会状況が到来した。個人の生活史の連続性は、集団への帰属性によってはもはや確認できない時代になった。かつて個人の生活史は「日常性」の持続的な記述（日記など）のなかにあった。しかし、現在、それは、限りなく「不慣れな土地への旅」に類似するものとなった。「そこへの旅は、一枚岩的な帰属感が生み出す安全性の感覚が欠如しているために、不安で不確実な冒険となる」（メルッチ、xxxxiv）という言葉は、本章で、経験の人間学的解読を試みてきた私の結論と、あまりにも一致していることに驚かされる。メルッチは、社会理論の再構築をめざして、「現在に生きる遊牧民」をモデル化したわけであるが、その状況は、教育人間学における人間理解においても、全く同様である（参照、ヴルフ『教育人間学入門』）。

人間は、もはやアプリオリな定義箱に納まるかたちでは存在しない。その生活史は、自己の生きる「現実」を繰り返し越境して、他者や異界と関わりつつ経験を変成していく過程となる他はない。こうしてはじめて、actual な現実が、編み上げられていくからである。

教育行為や医療行為においても、他者と関わるということは、多かれ少なかれ自己の生きる自明な現実の解体の連続と言ってよいものである。過去の経験の蓄積では到底処理できない事態に直面するからこそ、経験が生まれるのである。近代科学の知は、一元的現実の微細な把握とその蓄積をめざした「Empirie の知」であるとすれば、臨床の知とは、多元的現実に生きる人間の境界を越えて旅する「Erfahrung の知」であると言うことができるだろう。それは、一元的現実への適応や習熟（教える技法、看護の技法など）とは、まるで異なった「多次元の世界」を旅して対話を試みる知なのである。他者と関わり、他者と対話するという行為（actio）を抜きにして「Erfahrung の知」は生じない。「人間一般」という権力的な言説をヒトに当てはめるのでなく、一人ひとりの具体的な他者の空間に身を置くこと、そこに「多次元の世界」を感じ取った「臨床の知」の可能性が生まれるのである。そこでは、一元的空間に適応した固定化された経験ではなく、多次元空間を行き来して、変成される経験のメタモルフォーゼが見い出されるはずである。

以上の考察で、経験には、それによって、日常化された現実の枠組みの中で求められる個別の「問題処理」の力を増し、速やかに対応できる経験（能動的経験、負担軽減）と、その人に生活地平の変容をもたらす非日常的な「端的感性的経験」（フッサール）が存在することが明らかになった。冒頭でもふれたが、一般に「鉛筆も削れない子ども」や「キャンプで火も熾せない子ども」が問題になるのは、前者の次元における経験であり、情報・消費社会の出現とともに、人類が長期にわたって蓄積してきた「身体化された文化」が伝承されにくくなったことが、一つの原因をなしている。しかし他方で、そうした子どもたちが、能率的に制度化された家庭や学校、高度に発達したメディア環境の中で、どのような生活地平に生きているのか、「身近な仲間以外はみな風景」といった「他者」感覚を欠落させる傾向が強くなったのはなぜなのかという、より根源的な問題については、「負担軽減」理論では到底答えることができない。

現代の子どもたちが、「重層的な現実」を感じ取ることもできず、人工化され、水路づけられた、のっぺりとした「日常性」の中で、さらに「奉仕活動」まで強いられるようなことが起こるならば、そこには経験の名に値しない、**仕組まれた経験が、狭い「日常性」をさらに強固に固定することになるであろう。**日常化された現実を反転させて、他者と出会い、モノと格闘することは、決して他者やモノを「統御して」、「処理する」技法を磨くことではなく、制度化し、固定化した自己の生活地平に風穴を開け、もう一つ別の新たな世界を受け入れることを意味する（宮崎駿のアニメ映画が若者に受け入れられる理由）。

従来の教育学は、プラグマティズムに見られるように、自然と闘い、他者と闘う力を蓄えるために、子どもの「経験の改造」を企ててきたが、それは制度化された日常性をそのままのかたちで肯定し、それに適応（あるいは調節）することを暗黙の前提としてきた。経験は、逞しき自己活動の力（生きる力？）を開発するための手段として常に理解されてきたのである。

しかし、私たちの生きる世界が多次元的に拡散し、文化の複数性と重層性が指摘されるに至った現在、まさにそうした「多次元的に拡散した世界を生きるための経験」こそが求められているのである。

経験とは、限りない日常性の中で、「もう一つの現実」からの声に謙虚に耳を傾けようとする終わりのない運動であると言える。制度化され凝固される経験と、そこから再び脱出しようとする経験との一連の循環運動の狭間に、私たちの「日常生活」がある。その意味では、経験は既知性であると共に、必ず未知性に開かれている。流動的で、可変的で、偶然的で、一回的で、定型化を拒むもの、しかも言語の網目からも容易にこぼれ落ちてしまうもの、それが経験である。あえてそれを定義づけようとするならば、鷲田清一も指摘するように、「一貫した変形」（一貫したデフォルマシオン）としか言いようのないものなのだ。

【参考文献】

アリストテレス（出隆訳）『形而上学　全集　第一二巻』岩波書店、一九六八年。

E・フッサール（長谷川宏訳）『経験と判断』河出書房新社、一九九九年。

E. Husserl（Hrsg. von L. Landgrebe）：*Erfahrung und Urteil. Untersuchungen zur Geneologie der Logik* (1938). Hamburg, 1964.

M・ハイデガー（細谷貞雄訳）『ヘーゲルの「経験」概念』（ハイデガー選集　第二巻）理想社、一九八九年。

M. Heidegger：*Hegels Begriffe der Erfahrung* (1937). Frankfurt am Main, 1950.

Ch. Wulf：*Vom Menschen. Handbuch Historische Anthropologie.* Weinheim, 1997.

Ch. Wulf / E.Liebau / G. Miller-Kipp：*Metamorphosen des Raums.* Weinheim, 1999.

Ch. Wulf：*Anthropologie der Erziehung.* Weinheim und Basel, 2001.

Ch・ヴルフ（高橋勝監訳）『教育人間学入門』（1994A）玉川大学出版部、二〇〇一年。

B. Dieckmann：*Der Erfahrungsbegriff in der Pädagogik.* Weinheim. 1994B.

L. Duncker：*Erfahrung und Methode.* Kempten, 1987.

K・ヘルト（新田義弘他訳）『生き生きした現在』北斗出版、一九八八年。

E・レヴィナス（合田正人訳）『外の主体』みすず書房、一九九七年

Y・F・トゥアン（山本浩訳）『空間の経験――身体から都市へ』筑摩書房、一九九〇年。

E・レルフ（高野・阿部・石山訳）『場所の現象学』筑摩書房、一九九九年

A・メルッチ（山之内・貴堂・宮崎訳）『現在に生きる遊牧民』岩波書店、一九九七年。

A・ゲーレン（亀井裕・滝浦静雄ほか訳）『人間学の探究』紀伊国屋書店、一九七〇年。

O・F・ボルノー（浜田正秀訳）「教育学の中の経験の概念」『人間学的に見た教育学』所収、玉川大学出版部、一九六九年。

中村雄二郎『著作集II――臨床の知』岩波書店、二〇〇〇年。

鷲田清一『現象学の視線――分散する理性』講談社学術文庫、一九九七年。

――「他者という形象」『他者――実存思想論集XII』実存思想協会、理想社、一九九七年
――『「聴く」ことの力――臨床哲学試論』TBSブリタニカ、一九九九年。

木村敏『偶然性の精神病理』岩波書店、二〇〇〇年。

木田元『偶然性と運命』岩波書店、二〇〇一年
真木悠介『旅のノートから』岩波書店、一九九四年。

佐伯守『経験の解釈学――物・世界・人間の関係論』現代書館、一九七九年。

今村仁司『交易する人間』講談社、二〇〇〇年。

小林靖昌『経験の現象学への道』理想社、一九九八年。

鈴木剛「経験とミメーシス」『教育学年報　第五巻――教育と市場』所収、世織書房、一九九六年。

森本浩一「アフォーダンスとミメーシス――『自己の外へ出ること』の哲学」『現代思想』Vol・二七-六、青土社、一九九九年。

第四章　脱中心化運動としての教育人間学

――Ch・ヴルフの歴史的教育人間学の地平

教育人間学（pägagogische Anthropologie）とは、未成熟者としての「子どもをいかに教育すべきか」という教授学（Didaktik）の問いを中心に展開してきた近代教育学（pedagogy, Pädagogik, pédagogie）の狭さを脱して、生涯にわたる人間生成（Menschenwerden）の諸相を多面的に解読しようと試みる学問である。ドイツにおいては、一九六〇年代から七〇年代にかけて、ボルノー（O. F. Bollnow）、フリットナー（A. Flitner）、ロート（H. Roth）等によって多様なかたちで展開され、戦後のドイツ教育学の一時期を画した感があった。[1]それは、ヘルバルト以来のドイツ観念論哲学を母体とした規範的教育学への批判を含みながら、他方でマルクス主義的な「全体知」を批判する学問的根拠を示すものでもあった。日本では、一九六一年に出版された森昭の『教育人間学』が、ほぼ同様の問題意識を共有していると言ってよい。[2]

ドイツにおける一九七〇年代までの教育人間学研究の興隆は、現在の時点から振り返るならば、結局のところ人間という「主体」（Subjekt）形成に収斂される近代教育学の「中心化」傾向に対する異議の申し立て運動であり、「脱中心化」の志向性の萌芽を内に含むものであったと考えられる。一九八〇年代以降は、批判理論を土台とした批判的教育科学（kritische Erziehungswissenschaft）や人間性心理学に依拠した教育学、さらには反教育学（Antipädagogik）等の台頭がめざましく、教育人間学への関心は一見薄らいできたようにも見える。(3)

しかし、一九九〇年代に入って、一九七〇年代からの問題意識をさらに発展させた新たな教育人間学の構想が、ベルリン自由大学の「歴史的人間学」の研究グループ、とりわけヴルフ（Ch. Wulf）、カンパー（D. Kamper）、ヴュンシェ（K. Wünsche）等を中心に活発に展開されてきている。(4)日本では、一九七〇年代以前の教育人間学に関する紹介や研究は相当な数に上るにもかかわらず、一九九〇年代のドイツにおいて進行している教育人間学の新しい研究動向については、その紹介すら見当たらない状況である。(5)

そこで、本章では、「歴史的人間学」の研究グループの研究動向を、主にヴルフの著作を中心に探りながら、そこに浮かび上がる教育人間学の新たな課題意識と方法意識を具体的に検討していきたいと考える。

一　「教える―学ぶ」という関係図式

「教育」（education）という言葉が、子どもの内にある素質や能力を「引き出し」、「開発する」という、今日的意味あいで使用されるようになったのは、ほぼ一八世紀以降のことであると言われている。それ以前は、「子ども」を大人から特別に区別する〈まなざし〉自体が存在しなかった。大人と子どもは全く同一の地平に生きており、子どもは、大家族の共同体の中で生活しながら、見様見真似で（ミメーシス的行為で）徐々に大人の世界に仲間入りするように仕向けられていた。農村共同体がこうした社会化（Sozializierung）機能を保持していた間は、子どもを大人から引き離して、「教育する」という作為的な〈まなざし〉そのものが不要であった。

しかし、産業革命の進行と共に、農村共同体が徐々に崩壊し、都市型の生活意識が生まれはじめる時期に、大人とは区別して「子ども」を見る〈まなざし〉が誕生する。それはなぜか。もはや社会化機能が期待できない産業化途上の社会に生まれ、そこに投げ出された子どもたちに、読み書き算（3R's）の基礎を与え、労働する力を養う必要に迫られていたからである。大人たちが実際にそうであるように、農村共同体が崩壊し、かつての地縁、血縁集団に依存できなくなった子どもたちは、「自由」ではあるが、その生存に関しては全責任を背負わされた「個人」となった。共同体からの支えを喪失して、孤立化した子どもに、活字の読み書きの基礎をしっかりと与えることが、子どもを救うことであった。寺崎弘昭の周到な検証によれば、"educate"という動詞は、もともとは「食物を与え、肉体的欲求を充足することによって、子ども・動物を育むこと」(6)というきわめて原初的な生命保存（care）を意味する言葉であった。それは、動物であれ、人間であれ、母親がその子を生み、お乳で育てる（産育）行為を表すものであった。

ところが、ほぼ一八世紀頃から、それが、子どもの内にある能力（自己保存の力）を最大限に「開発する」という意味あいに変質してくる。すなわち、もともとは動物や人間の「産育」、「養育」という生命の自然なつながりを表す"education"という言葉が、この時期から「作為」、「技術」の営みへと大きく変貌する。

ルソー（J. J. Rousseau）は、その著『エミール、または教育について』（一七六二年）の第一編の最初の個所で、「いち早くあなたの子どもの魂のまわりに囲いを作りなさい」という有名な言葉を記している。(7) 社会化機能が崩壊しつつある実社会から子どもを引き離して、両親や家庭教師のもとでしっかりと保護しなさいという主張である。子どもを社会に放置してはいけない。子どもには何よりもまず「教育」（éducation）が必要である。それは、喫煙、飲酒、暴力、性行為などを含む大人の日常生活から「子ども」を引き離し、その内に潜む諸能力を「引き出す」特別な空間の中に収容すべきだという考え方を要請する。こうして、子どもを「教育空間」（教育家族、学校）の中に囲い込んで、意図的にその能力を「引き出す」という近代社会に固有の「教育」の観念が定着する。

こうした配慮のもとで、「子どもをどう教育するか」を主題とした学問として教授学（Dida-ktik）が誕生する。それは、大人社会に放置された子どもを、未熟な「子ども」として保護し、読み書きの力をしっかり身に付けさせることが社会的課題であった時期に形成された学問である。アリエス（Ph. Ariès）も指摘するように、「子ども」と「教育」という観念は、産業化途上のほぼ同じ時期に生まれたのである。(8)

こうして、近代教育学は「子どもをどう教えるか」という問いかけを中核とした教授学を母胎として形成されてくる。教授学の祖と称されるコメニウス（J. A. Comenius）の『大教授学』（一六五七年）は、生きていく上で必要な諸知識を、どうすれば子どもにわかりやすく、楽しく、効果的に教えることができるのかという、技術学（Methodologie）として構成されている。「子どもをどう教育するか」というコメニウス以来の教育学（手工的な「粘土モデル」の子ども観）に対して、ルソーの影響下で、一八世紀以後、子どもの内在的な自己成長（Wachstum）を「見守る」というロマン主義の教育学が台頭し、教育観において、「指導（Führen）モデル」と「自己成長（Wachsen-lassen）モデル」という対立軸が形成されるに至る。近代教育学は、一見この対立軸を中心に展開してきたようにも見えるが、実は、子どもの直線的な発達を自明の前提としている点では、両者は共通の基盤の上に立っていたのである。[9]

ドイツにおける一九六〇年代からの教育人間学の興隆は、「子ども」、「発達」、「教育」を自明視する近代教育学の前提そのものの限界が、少なくとも自覚化されはじめたことを示唆している。そこでは、〈教える－学ぶ〉図式（言説）に代わる新たな教育学のパラダイム構築が、多様なかたちで模索されはじめていたのである。

2　脱中心化運動としての教育人間学

教育人間学研究の萌芽は、一九二〇年代のドイツにまで溯ることができる。この時期に、教育学が暗黙の前提としてきた直線的な発達観に立つ人間像そのものが、思想のレベルで鋭く問い直されたからである。前世紀末のニーチェ（Fr. W. Nietzsche）の生の哲学はもとより、フッサール（E. Husserl）の現象学、ハイデガー（M. Heidegger）の基礎的存在論、シェーラー（M. Scheler）の哲学的人間学などは、いずれも直線的な発達観を支える西洋中心の進歩史観、一元史観を疑問視してきた。そこから、「自己規律的で、合理的に思考し、よく生産できる健康な青壮年の男性モデル」を暗黙のうちに発達の頂点と見なす発達理論もまた疑問に付されてくる。

むしろ孤立化した自己保存モデルの発達観ではなく、多様で異質な他者との相互作用や関わり合いを通して〈自己1〉が分散して新たな〈自己2〉が誕生し、その生成の過程でさらに〈自己n〉が編み出されていくという、「自律・分散型」、「自己変成型」に近い人間理解が、ここに要請されてくる。ドイツの一九二〇年代の思想界では、人間の自己理解における「実体論・自己保存モデル」から「関係論・生命論モデル」への転換ともいうべき重大な文明論的な転換が、静かに進行していた。

その約四〇年後の一九六〇年代からの教育人間学の研究が、直線的な発達と自己保存モデルを至上の原理とする近代教育学を、多様なしかたで問い直す方向（脱中心化）に向かったのは、きわめて当然の成りゆきであった。そこには、教育学の再構築を促す以下のような問いかけが含まれていた。

第一に、人間形成における連続性の問題（啓蒙主義とロマン主義に共通する）に加えて、実存哲学から提起された非連続性の問題が、ボルノー（O. F. Bollnow）によって教育学の中心課題に組み入れられたことである。[10] 他者との出会い、挫折、病い、老い、死などの有する**受苦的経験のもつ人間形成的意味**が、初めて問われることになった。ボルノーは、ドイツ語における“Erfahrung”（経験）の意味をさまざまに考察しながら、それが、教師による「教育行為」を遥かに越え出た、しかし、〈自己〉の絶えざる編み直しを含む「自己変成」にとっては、実に重要な意味をもつ概念であることを指摘している。[11]

第二に、〈教える－学ぶ〉関係という言説図式そのものも、初めて疑問に付されることになる。アリエスやヴァン・デン・ベルク（J. H. Van Den Berg）の研究が示すように、「子ども」という観念は、近代社会になって初めて成立した観念である。[12] したがって、「子ども」とは何かという問題は、それだけでは解答不能な疑似問題にすぎない。「子ども」とは「大人」と一対になる概念であって、「大人」対「子ども」という二項対立図式の成立こそが、真の問題だからである。

レンツェン（D. Lenzen）も指摘するように、実は「大人」から「子ども」が差異化される見えざるコード、隠された基準をこそ問題にすべきではないか。[13] それをしないと、「子ども」という言説が対象の実体化、崇拝化を生み、現実の子どもへの無意識の抑圧がはじまる。啓蒙主義における「無限の可能性」、ロマン主義における「純粋無垢な子ども」という言説それ自体が一人歩きをすると、大人から切り離された「子ども」を実体視して、大人の現実を不問にしたままで、子どもの問題ばかりに熱をあげる教育学的思考を強化することになりがちである。

第三に、そこでは、教育学を〈教師－生徒〉という狭い教授学図式から解放して、人間（ここでは、子どもと大人という区別は問題にならない）の多様な〈学び〉を機軸にした自己変成、もしくは自己組織的な過程をこそ問題にすべきではないかという示唆も含まれている。「生の諸連関」（Lebenszusammenhängen）という「諸関係」から学び、自律・分散的に自己変成していく過程をこそ問題にすべきではないか。むろんそれは、デュルケム（E. Durkheim）、パーソンズ（T. Parsons）的な社会化理論に回帰しないという条件つきの話である。こうして、以下に考察するように、ミメーシス（Mimesis）、経験、他者、メディアなどの有する人間生成的意味が、人間学的に問われる可能性が開かれる。

ドイツにおける教育人間学が切り拓いてきた地平をまとめて言えば、①生の連続的形式に加えて、「生の非連続的形式」への着眼、②子どもの実体視から解放されて、生涯にわたる「人間の自己変成、相互生成」の可能性を示唆してきたこと、③〈教師－生徒〉という狭い教授学図式から脱して、ミメーシス、経験、他者などの概念を通して、人間生成の広大な地平を獲得してきたことである。これらは、いずれも近代教育学の「中心化」傾向に対する「脱中心化」の試みであったと言うことができる。

3　教育人間学の多種多様な展開

ところで、冒頭でも紹介したCh・ヴルフは、一九六〇年代以降のドイツにおける教育人間学の展開を、以下の六つの系譜に分類している[14]。すなわち、①統合科学的な教育人間学、②哲学的人間学に依拠した教育人間学、③現象学的教育人間学、④弁証法的・反省的教育人間学、⑤対話的教育人間学、⑥歴史的教育人間学である。ヴルフ自身の教育人間学の検討に入る前に、それぞれの研究動向について、もう少し詳しく説明しておきたい。

①統合科学的な教育人間学

人間の「形成可能性」(Bildsamkeit)や「自己決定能力」(Selbstbestimmung)の増大という視点から、自然、社会、人文諸科学の成果を統合的に再編しようとした立場である。冒頭で触れたロートの発達教育学やA・フリットナーの統合的教育人間学が、これに属する。

②哲学的人間学に依拠した教育人間学

「開かれた問い」や「未決の問い」(offene Frage)の原理を中核として、人間存在の根源的「不可知性」を強調する立場であり、その意味では、マルクス主義、進化論に代表される「全体知」を批判する機能を有する。これは、哲学的人間学からの帰結であって、言語による象徴的な世界開示（Weltoffen）こそが人間と動物を分けるのであって、道具の使用ではない点を強調する。これは、戦前のシェーラーの哲学的人間学、プレスナー（H. Plessner）の人間学、ポルトマン（A. Portman）の動物行動学を起源として、戦後は、ボルノーの教育人間学、ロッホ（W. Loch）の教育人間学、ゲーレン（A. Gehlen）の人間学、デップ＝フォアヴァルト（H. Döpp-Vorwald）の教育人間学などがこれに属すると言われる。

③現象学的教育人間学

子どもが遊び、学ぶ行為への参加観察を通して、子どもの生活世界の形成過程を記述する学問が構築された。その代表的なものに、ランゲフェルド（M. J. Langeverd）の「子どもの人間学」がある。しかし、ヴルフによれば、ここでは、子ども、大人、教師、父親、母親が、実体的な存在として把握されている。「成熟」もまた、超歴史的な概念として使用されるという難点を残している。

④弁証法的・反省的教育人間学

教師と生徒の「対話」（ハーバーマスの提唱するDiskurs）を通して、システム化され、制度化された生活世界を解放的に獲得していこうとする立場である。一九六〇年代から七〇年代にかけて、北ドイツの中等教育学校における道徳教育の実践にも多大な影響を与えてきた。クラフキ（W. Klafki）の弁証法的教育学が、この流れを代表する。

⑤対話的教育人間学

弁証法的・反省的教育人間学のように、解放の弁証法の論理に立つのではなく、他者との「人格的な交わり」を人間の自己理解の前提とする。人間性心理学（Humanistische Psychologie）の流れとも交差し合いながら、生徒指導やカウンセリング理論に大きな影響を与えてきた。ブーバー（M. Buber）、ロンバッハ（H. Rombach）、シャラー（K. Schaller）などの研究が、これに属する。

⑥歴史的教育人間学

ヴルフ、カンパー、ヴュンシェ、ゲバウア（G. Gebauer）などのベルリン学派の研究グループがこれに属する。旺盛な著作活動で知られるレンツェンの一連の研究も、教育人間学という自己規定はないものの、広いパースペクティヴで見れば、ここに属すると言える。(15) 彼らは共通して構造主義、ポスト構造主義の影響を受け、日常的に醸成される「教育」の常識やハビトゥスを洗い直す作業を行っている。文化人類学の成果なども大胆に取り入れながら、一元的な発達、進歩の「物語」が消えた後の社会・文化状況（多元的な文化状況）の中で、「種としてのヒトの子が、所定の社会で大人になる、成熟するとはどういうことか」の新しい理論モデルを提示することを共通の課題としている。絵画、習俗、言説分析等を通して、人間生成の諸相を多面的に解読しようとする立場である。このベルリン学派に共通して見られるのは、美学、つまり技（わざ）、技芸、造形美術、技術を含み込んだ身体表現としての“Kunst”の世界への強い関心である。

4　歴史的教育人間学の地平

1　歴史的・反省的教育科学としての教育人間学

「歴史的教育人間学」として自己の立場を規定したベルリン自由大学のヴルフ教授は、一九四四年生まれである。注記(4)でも触れたように、彼は同大学の「歴史的人間学」研究グループの中心メンバーであり、同グループが発行している年報（"Paragrana"）の編集代表でもある。

ヴルフ教授の経歴を簡単に紹介しておくと、ベルリン自由大学、マールブルク大学、ソルボンヌ大学（フランス）、スタンフォード大学、コロンビア大学（米国）で教育学、哲学、歴史学、文学を学ぶ。一九七五年にマールブルク大学で教授資格を得て、同年からジーゲン大学教授となる。一九八〇年より、ベルリン自由大学の一般的、比較教育科学科（Instutut für Allgemeine und Vergleichende Erziehungswissenschaft）の「人間学と教育」（Anthropologie und Erziehung）講座担当の主任教授となり、同大学附属の歴史人間学・学際センター（Interdisziplinäre Zentrum für Historische Anthropologie）教授を兼ねる。教育人間学、歴史的人間学、ミメーシス、美的教育、異文化理解などが、ヴルフ教授の主な研究テーマであるが、この経歴からもわかるように、非常に視野の広い仕事を重ねてきている。それでは、彼の言う「歴史的教育人間学」とは、どのようなものか。

そこには、まずドイツ観念論の圧倒的な影響下で形作られた実践的な「教育学」(Pädagogik)の系譜と、二〇世紀初頭の実験心理学、実証的社会学の影響のもとに形成された経験科学的な「教育科学」(Erziehungswissenschaft)の系譜を視野に入れながら、双方を統合的に捉え直そうとする強い志向性が見られる。それぞれの研究が暗黙のうちに前提とする言説のコードを解読する作業を進めながら、"Pädagogik"と"Erziehungswissenschaft"の双方のパラダイムの有する限界を指摘し、人間を一元的な「進歩の物語」を担う基体として捉える神話から解放しようとする。

ヴルフの歴史的教育人間学においては、歴史性(Historizität)、多元性(Pluralität)、反省性(Reflexivität)という三つの語が、重要なキーワードをなしている。

まず第一に、ここでいう「歴史性」とは、教育研究は、二重の意味で歴史的制約を受けざるをえないという自覚を意味している。一つは、研究対象(歴史的構築物としての言表や言説)の有する歴史的制約であり、もう一つは、研究者自身(無意識に自明なものと思い込んでしまっている暗黙のパラダイム)の置かれた歴史的制約である。研究において、この二重の歴史性の制約という自覚を欠くと、ある特定の時代の特定の言説を実体化する危険に陥ることになる。

第二に、「多元性」とは、「教育科学のいかなるモデル、いかなる理論、いかなるパラダイムも、それ一つだけで、教育に必要な知識をすべて生み出すことはありえない(16)」という言葉に端的に示されているように、あらゆる理論、言説の「構築性」を強調するものである。カントが指摘したように、あらゆる理論は、現実を「構成する」一つの行為であって、それ自体が現実にとって代わるものではないことを、ヴルフは強調する。

第三に、「反省性」とは、フッサールの言う現象学的還元（phänomenologische Reduktion）に近い概念であり、ある特定の権力関係を含む言説によって制度化され、構成された日常的世界をいったん留保して、制度の網目からこぼれ落ちた人間生成の諸現象を救い出そうとする行為を表す。それは、すでに強固に制度化され、自明となった「現実」に風穴を空け、もう一つの可能な（altenativ）「現実」を呼び起こそうとする行為でもある。

この「歴史性」、「多元性」、「反省性」というコンセプトは、ヴルフの歴史的教育人間学の方法の鍵概念であり、従来の教育人間学の方法とはかなり異なる視点である。以下で、その内容を、もう少し細かに検討しておきたい。

2　歴史的教育人間学の方法意識

①まず、人間存在の歴史的構造性が強調される。右にも述べたように、教育人間学は、研究対象の歴史性と研究者自身の歴史性という二重の歴史性を背負っており、「ある特定の歴史的、社会的制約のもとでの人間の諸現象や表出の仕方を探究する」[17]学問である。こうした研究のパースペクティヴの制約を考えるならば、「本来の人間」や「人間の全体像」を提示することは、初めから断念するほかはない。このことは、「人間諸科学のヨーロッパ中心主義や歴史に対する骨董趣味を背後に退かせて、現代や未来に開かれた諸問題を優先させること」[17]を意味している。

②教育人間学の重要な課題の一つは、教育の全能意識や全く逆の不能意識を批判し、人間を「完全なものにすること」(Vervolkommung) と「改善不能なこと」(Unverbesserlichkeit) の両極を排して、教育の可能性を探ると同時に、その限界をも明らかにすることである。そのことは、人間の「形成可能性」(Bildsamkeit) を強調し過ぎることへの批判と同時に、遺伝子工学などによる人間の操作的形成への批判をも含むものである。それは、「成長の限界」(Grenzen des Wachstum) や「危機の社会」(Riskogesellschaft) などで、すでに警鐘を鳴らされていることでもある。

③教育人間学は、人間学の可能性とその限界（未決の問いの原理）を明示することで、その自己理解の内に人間学批判をも包括する。人間を動物に還元して人間を単純化したり、逆に自然と文化を単純に二分してしまうという安易な論法を批判することが、人間学批判の一例である。人間学批判は、人間学の中心概念、モデル、その方法を問うことで、人間学的知識の認識論的条件を問うのである。

④教育人間学は、教育科学的知識の在庫を吟味し、秩序づけ、場合によっては、新たに価値づけしたり、生産したりする。こうした関心のもとに、近代教育学の中心的概念、例えば、「子ども」「人格」「発達」等の諸観念、そしてルソーの「消極教育」(éducation négative)、ペスタロッチの「基礎陶治」(Elementarerziehung)、フンボルトの「一般陶治」(Allgemeinbildung) 等の思想史上の諸観念を脱構築すること (Dekonstruktion) を主な課題として設定する。こうした方法によって、その言説が排除し、隠蔽してきたもう一つの別の様相が浮かび上がる。

⑤教育の思想や科学は、実はさまざまに対立する言説（discours）群によって構築されたものである。言説は、教育学的主張やその内容、概念や構造を構築することで、一つの「現実」そのものを作りだし、それを強固に固定化する役割を果たす。これらの言説分析を通して、社会や科学の権力構造や教育行為の制度化の状況などを明らかにすることが、教育人間学の重要な課題である。

⑥教育人間学は多元的な方法をとる。そのことで、人間学的知識の早急な固定化を避け、一元的に同一化しないことを保証するのである。こうした多元主義は、人間学的知識を何かに還元することを避け、「複雑性」（Komplexität）をより増大させうるような学際的な、学問横断的な研究に原理的に開かれたものとなる。(18)

⑦今日では、教育システムに関する認識の多くが、もはや望まれた期待を満たさないので、教育学的知識の社会的、制度的、科学的、実践的関連性への問いかけが生じてきている。教育に関わるこうした膨大な知識群を「人間学的反省」（anthropologiche Reflexion）のもとで、再び意味づけ直し、関連づけることが必要になる。

⑧教育人間学においては、さまざまな知識領域の境界はすでに溶け合っており、そこに知識や教育の新しい領域が生まれてきている。ここでは、とりわけ美的教育（ästhetische Bildung）と異文化間教育（interkulturelle Bildung）が重要になる。前者はニューメディアとの関連で、後者はますます流動化し、変動するヨーロッパ社会における個人の学習や経験の場面で、重要になると考えられる。

⑨こうして、教育人間学は、基本的に「構築的な人間学」(konstruktive Anthropologie) であることを方法論上の特質としている。すなわち、それは、人間学的探究や反省を進めるさいに、「人間の本質」(das Wesen des Menschen) から出発しようとはしない。その代わりに、それは、人間の理解をその時々の文脈に依存し、歴史的に制約され、構築されたもの (Konstruktion) として捉える。教育人間学の研究を進めていく上では、歴史的な教育人間学の「構築的で反省的な方法」(konstruktiv-reflexive Verfahren) を理解し、発展させていくことが必要である。[19]

以上のように、ヴルフの構想する教育人間学とは、「人間」や「主体」というものを措定しない「構築的な人間学」であり、そこでは、何らかの人間像や教育観が構築されるさいに使用される言説 (discours) や言表の解読と脱コード化が重要な方法論となる。これは、明らかにフーコー (M. Foucault) の構造主義的な人間科学の方法に依拠しており、フーコーからの大きな影響を認めることができる。[20] さらに、人間を実体視しないという点では、フーコーと並んで、ルーマン (N. Lumann) のシステム理論からの影響も見過ごすことはできない。[21] ヴルフの教育人間学の中に流れ込むフーコーとルーマンの影響については、稿を改めて論ずることとし、ここでは、以上のような課題と方法意識を踏まえて、ヴルフ自己自身が取り組んでいる研究課題について、具体的に述べておきたい。それは、①身体と感覚、②想像力、③ミメーシス、④他者の問題である。

3　歴史的教育人間学の問題群

①身体と感覚

それでは、身体と感覚がなぜ教育人間学の問題とされるのか。文明化の過程に関するエリアス（N. Elias）やフーコーの「監視と処罰」に関する一連の研究[22]は、現代人の身体が、中世後期を起源とする共同体意識の崩壊と自意識の目覚めや、それに伴う自己規律化によって生じてきたことを明らかにした。生活において、五感における近距離感覚（感触、味覚、臭い）の代わりに、遠距離感覚（耳そして特に目）を用いることは、**具体的事物や他者からの隔離と観念化、抽象化を推し進めることとなった。**そこには、認識の身体性や感触、味覚、臭いといった「近距離感覚」が退化する状況が生み出されてきている。

五感における近距離感覚が退化することによって、身体がますます視覚化され、イメージ化されている現象が広がってきている。「身体のイメージ化」という現象は、一九八〇年代の電子革命によっていっそう加速化される結果となった。このように感知できない影響や条件が形づくられていく過程で生じる見えざる権力は、個人の身体に根を下ろし、その内部から行動を規制するようになる。フーコーは、「権力のミクロな身体学」（規律・訓練 discipline）を通して、こうした自己規律を習慣化させていく過程を記述した[23]。共同体から引き離された人間の身体は、労働や学習の単位として、操作的に扱われるようになったが、そうすることで、いつしか「従順な身体」が習慣づけられていくという深刻な問題が生じている。ヴルフによれば、これは、教育人間学が、身体に関する言説研究を通して、解読すべき重要な問題の一つである。

②想像力

すでに述べてきたように、近代の教授学は、子どもの理性の発達を中心に人間形成を考えてきたために、子どもが有する奔放な想像力（Imagination）を危険なものと考え、排除する方向で進んできた。しかし、近年の人間学的研究によれば、想像力は、一般に認識されている以上に、系統発生や固体発生において重要なものであることが認められてきている。子どもが世界を認識する上でも、想像力は、言語の力に劣らず重要なものである。ましてニューメディアによって、イメージの世界が開拓されつつある現代において、想像力の問題はますます重要な位置を占めるようになるはずである。ヴルフは、ユッテマン（G. Jüttemann）、ゾンタータ（M. Sonntag）と共に大著『心――西洋におけるその歴史』を編集執筆しているが、そこでも二〇世紀の実験心理学の台頭によって、抑圧されるに至った想像力の問題が指摘されている。[24]

③ミメーシス

古くはプラトンやアリストテレスも指摘するように、ヒトの子が人間になるには、模倣の力を獲得することによってのみ可能である。プラトンの『国家』第三巻において、ミメーシス

（Mimesis）はほとんど教育と同義である。ミメーシスの助けによって、若者はいろいろなモデルを見習い、それらを我がものにしようとする。こうした再現を成し遂げる現場では、モデルこそがその規範的な力を発揮するものであることを、ヴルフは強調する。[25]

ミメーシスの過程は、身体的、感覚的なレベルにおいて生じる。すなわち観察される対象の模倣は、無意識のうちに生じる。諸行為に関するミメーシスを通して、行為の規範もまた伝達される。ミメーシスの重要な特徴について、ヴルフは次のように述べている。

「ミメーシスの過程は、単なる模倣、模写、あるいはシミュレーションの過程ではない。すなわちその目的は同じものを作ることにあるのではなく、似ているものを創造することにある。ミメーシスは、これまでは美的教育の分野でしか役割を果たしてこなかったが、美的教育の分野を越えて、生活や他者の問題に近づく可能性を有しているのである。[26]」

④他者

一九八〇年代後半からの人間学研究においては、「他者」（der Andere）の重要性がようやく認められてきた。すでに文化人類学においては、同一化や理解を拒絶する対象としての「他者」が論じられてきている。従来の教育学においては、逆に理解や同一化の対象として、子どもの世界が考えられてきたが、近年はむしろそうした同一化を排する存在としての子どもが注目を浴びてきている。[27]

「他者」の問題は、大人と子ども、教師と生徒の関係ばかりでなく、男性と女性、民族、異文化、障害者と健常者、健康な人と病んだ人の問題など、実に多くの応用範囲を抱えている。子どもの世界をよく理解して、大人の世界に同一化させようとか、外国人に自国語を教えることで、自国文化に同一化させようとする「同一化」の思想こそが、問われるようになったのである。

ヴルフは次のように言う。「他者の取り込みではなく、他者と関係づける好奇心こそが求められる。同一性ではなく、差異こそが求められるのである。他者と同一化することよりも、むしろ他者に関する知識こそが重要なのである。(28)」

ヴルフも言うように、"homo absconditus"（条件から自由なヒト）としての人間理解から出発する歴史人間学の枠組みにおいては、「他者」の概念はきわめて重要なものとなる。

以上の四点が、ヴルフ自身が取り組んでいる教育人間学の問題群である。(29) 実存哲学の影響下にあった一九七〇年代までの教育人間学とは、その問題の性格が大きく異なっている点に注目したい。

5　教育人間学の今後の展開

以上のように、一九九〇年代のヴルフを中心に、ベルリン学派の教育人間学の新しい動向を見てくると、一九七〇年代までのそれとは様相が大きく異なっていることがわかるはずである。すなわち、一九七〇年代以前の教育人間学は、実存哲学や批判理論の影響を受けつつ近代的理性モデルの限界を指摘しながらも、近代の遺産である「人間性」(Humanität)、「主体」(Subjekt) そのものに関しては、疑問を提示するに止まっていたのに対して、一九九〇年代の教育人間学においては、そうした人間、主体の自明性が疑われ、人間、主体の消滅が前提とされるに至るという点である。

現代の教育人間学は、再びヴルフの言葉を借りるならば、「人間が死滅した後の人間学」(Anthropologie nach dem Tode des Menschen)[30] を構想するという、実にパラドクシカルな状況に置かれているのである。こう見てくると、フーコーの研究姿勢がそうであるように、「人間」や「主体」を自明の前提とする近代の人間学を「脱中心化する」運動のさなかに[31]、現代の教育人間学も位置していると言わざるをえない。

その意味では、それをわざわざ教育「人間学」と自称することに、どのような意味があるのか、という疑念も生じるに違いない。人間、主体を自明の前提としない教育「人間学」とは、どのようにして可能なのか。そこでは、主体化を前提とする「発達」(Entwickelung) ではなく、「自己生成」(Selbstwerden)、「メタモルフォーゼ」(Metamorphose)、「自己組織化」(Selbstorganization)、「オートポイエシス」(Autopoiesis) などの実体を含まない、生の流動化や変成、分散化と構築を示す語 (関係概念) が、人間形成の新しい鍵概念となることが予想される。最後に、その際のいくつかの問題となる点を指摘して、本章のまとめとしたい。

①生命系としてこの世に誕生した「ヒトの子」が、所与の社会で自己生成を遂げ、「大人になる」

とはどういうことなのか。すなわち、成熟（Mündigkeit）という観念を「主体化」とは異なるカテゴリーで再構築することができるのか。その場合、子ども期、青年期、壮年期、老年期という生の節目がもつ意味は、どうなるのか。

②現代の人間形成は、子どもが「大人になる」ことの問題ばかりでなく、人が老いること、病むこと、死ぬこと、他者の喪失、抑圧された身体と管理された想像力の問題などの〈教える－学ぶ〉という教授学図式をはるかに越え出た文明論的規模の諸課題に直面している。教育学研究者は、この現実をしっかりと受け止める必要があるであろう。現代文明が突きつけるこれらの難問に、教育人間学はどう答えることができるのか。

③ヴルフの「ミメーシス」概念を敷延して考えるならば、人間形成は、閉じられた自己保存の問題ではなく、「異世代間の開かれた相互行為」として捉え直すことが十分に可能である。一方で、学校化という制度の網目が深く浸透する中で、学校という「教育空間」を突き抜けた、異世代間の多様な「相互行為」の場を生み出すことが、現在求められている。現代の教育人間学は、こうした空間（τόπος）創造の問題をどう考えるのか。

註

（1）一九六〇年代から七〇年代にかけての教育人間学研究の代表的なものには、以下のものがある。

O. F. Bollnow : *Die anthropologische Betrachtungsweise in der Pädagogik*. Essen, 1965.
H. Roth : *Pädagogische Anthropologie, Bd. 1, Bildsamkeit und Bestimmung*. Hannover, 1966, Bd. 2, *Entwicklung und Erziehung. Grundlagen einer Entwicklungspädagogik*. Hannover, 1971. 平野正久訳『発達教育学』（一九七六年）は、原著第二巻、第一部の訳出である。

一九六〇年代から一九八〇年代にかけての教育人間学の主な論文一五編を再収録し、総論的な解説を加えたものとして、以下の文献がある。

Ch. Wulf／J. Zirfas (Hrsg.) : *Theorien und Konzepte der pädagogischen Anthropologie*. Donauwörth, 1994.

また、一九六〇年代以降の教育人間学の潮流を概観したものとしては、以下の文献がある。

W. Braun : *Pädagogische Anthropologie im Wiederstreit*. Bad Heilbrunn, 1989.
B. Hamann : *Pädagogische Anthropologie*. Bad Heilbrunn, 1993.

（2）　森　昭『教育人間学——人間生成としての教育』黎明書房、一九六一年。本書において、森は、教育人間学の課題を以下のように規定している。「教育人間学の課題は、教育学の内部に見出される素材と作業の混沌を、『人間生成』の理念によって照射し、整理し、かくして、教育諸科学と教育実践学と教育哲学の関係を秩序づけようとする一つの試みにほかならない。」同書、四二—四三頁。

なお、森昭の教育人間学については、田中毎実氏が、下記の論文で詳細な検討を行っている。「森昭の教育人間学——統合学と原理論を循環する生成理論」、皇紀夫・矢野智司編『日本の教育人間学』所収、玉川大学出版部、一九九九年。

（3）　H. Berner : *Aktuelle Strömungen in der Pädagogik*. Bern Stuttgart, 1994, S. 251.

（4）　ベルリン自由大学の「歴史的人間学」（Historische Anthropologie）の研究グループは、ヴルフ（Ch. Wulf）を編集代表として、年報 "*Paragrana - International Zeitschrift für Historische Anthropologie -*" (Akademie Verlag.) を発行している。この研究グループには、ヴルフの他に、現代ドイツの教育哲学をリードするレンツェン（D. Lenzen、ドイツ教育学会会長）、カンパー（D. Kamper）、ヴュンシェ（K. Wünsche）ゲバウア（G. Gebauer）、シュラー（A. Shuller）、コルペ（C. Colpe）、マッテンクロット（G. Mattenklott）、トラバント（J. Trabant）等が顔をそろえている。

（5）ドイツにおける教育人間学の多様な展開をきわめて詳細に分析し、整理した労作として、下記の文献を挙げることができる。しかし、残念ながら、本書でも、ベルリン学派の近年の研究動向については、全く触れられていない。

氏家重信『教育学的人間学の諸相』風間書房、一九九九年。

（6）寺崎弘昭「近代学校の歴史的特異性と〈教育〉」、堀尾輝久・奥平康照編『講座・学校　第一巻、学校とはなにか』所収、柏書房、一九九五年、一二四頁。

（7）ルソー（平岡昇訳）『エミール』河出書房新社、一九七七年、八頁。

（8）Ph・アリエス（杉山光信・恵美子訳）『〈子供〉の誕生』みすず書房、一九八六年、三八五頁。

（9）O・F・ボルノー（峰島旭雄訳）『実存哲学と教育学』理想社、一九七六年、二一-二三頁。

本書で、ボルノーは、カント、ヘルバルト以来の啓蒙主義の伝統を引き継ぐ教育学を、「粘土モデル」の子ども観と〈Machen の教育学〉と呼び、ルソー、フレーベル以来のロマン主義の伝統に立つ教育学を、「植物モデル」の子ども観に立つ〈Wachsen-lassen の教育学〉と呼んで、双方の特徴を際立たせている。しかし、いずれもが、生の非連続性を全く排除した連続的発達観に立つものであり、「連続的に発達する子ども」と「それを導く教師」という近代教授学の図式から一歩も抜け出ていない点を指摘している。

（10）O・F・ボルノー（西村皓・鈴木謙三訳）『危機と新しい始まり』理想社、一九六八年。

本書でボルノーは、教授学中心の従来の教育学では決して問われることのなかった「老人教育学」や「死」の問題を取り上げ、その重要性を指摘している。七八-一一四頁。

（11）人間形成における「経験」の有する意味の解読については、以下の拙稿をご参照頂ければ幸いである。拙稿「人間形成における『経験』の位相——「現実」の多義性と「経験」の異化運動を中心に」、小笠原道雄監修『近代教育の再構築』所収、福村出版、二〇〇〇年（本書、第六章に収録）。

（12） J・H・ヴァン・デン・ベルク（早坂泰次郎訳）『メタブレティカ——変化の歴史心理学』春秋社、一九八六年、三一頁。

また「子ども」という観念を、近代社会の生んだ一つの虚構（Fiktion）として見る見方については、以下の文献に詳しい。

H. Hengst／M. Köhler／B. Riedmüller／M. M. Wambach : *Kindheit als Fiktion*. Frankfurt am Main, 1981.

（13） D. Lenzen : *Mythologie der Kindheit. Die Verewigung des Kindlichen in der Erwachsenkultur, Versteckte Bilder und vergessene Geschichten*. Hamburg, 1985. S. 11.

レンツェンは、同様の問題構成に立って、以下の著作で「発明されたもの」としての近代の「病い」を論じている。D. Lenzen : *Krankheit als Erfindung. Medizinische Eingffe in die Kultur*. Frankfurt am Main. 1993.

（14） Ch. Wulf (Hrsg.) : *Einführung in die pädagogishe Anthropologie*. 1994. Weinheim und Basel, S. 9-11. Ch・ヴルフ（高橋勝監訳）『教育人間学入門』（玉川大学出版部）二〇〇一年。

（15） D. Lenzen : *Handlung und Reflexion, Vom pädagogischen Theoriedefizit zur Reflexiven Erziehungswissenschaft*. Weinheim und Basel, 1996.

ヴルフは、以下の文献の中では、歴史的教育人間学の立場に属する研究者として、モレンハウアー（K. Mollenhauer）とレンツェンの名も挙げている。

Ch. Wulf／J. Zirfas (Hrsg.) : *Theorien und Konzepte der pädagogische Anthropologie*. Donauwörth,S. 20.

（16） Ch. Wulf／J. Zirfas (Hrsg.) : *Theorien und Konzeote der pädagogische Anthropologie*. Donauwörth, S. 26.

（17） Ch. Wulf (Hrsg.) : *Einführung in die pädagogische Anthropologie.* S. 15.

（18） Ch. Wulf (Hrsg.) : *a.a.O.,S. 16.*

（19） Ch. Wulf (Hrsg.) : *a.a.O.,S. 17.*

（20） 田村俶は、晩年のフーコーの研究姿勢にふれて、次のように述べている。「《啓蒙とは何か》と問う、かのカントに即しつつ、晩年のフーコーは『今日われわれとは何か』を根本課題として設定する一方では、『自分が生きる世界を問題として構成する』ことの重要性を主張した。その場合、自己そのものは何か、と問うことよりも、いかに自己が検討するか、どのように実践するか、を問題として構成することの方が、より重大であった」（M・フーコー：田村俶・雲和子訳『自己のテクノロジー』岩波書店、一九九〇年、二四八頁）。筆者は、教育人間学におけるヴルフの研究姿勢もまた、フーコーのそれに近いものを感じている。

（21） 以下の論文を読めば、ヴルフがルーマンの影響を受けていることが明瞭になる。
Ch. Wulf : *Mimesis, Poiesis, Autopoiesis. in : Paragrana, Bd. 4, Heft2,* 1995, S. 13-24.

（22） M・フーコー（田村俶訳）『監獄の誕生――監視と処罰』新潮社、一九九二年。

（23） M・フーコー、前掲書、一四三頁。

（24） G. Jüttemann／M. Sonntag／Ch. Wulf (Hrsg.) : *Die Seel. Ihre Geschichte im Abentland.* Weinheim, 1991, S. 11.

（25） ヴルフは「ミメーシス的行為」について、以下の著書で詳細に論じている。
G. Gebauer / Ch. Wulf : *Spiel-Ritual-Geste. Mimetisches Handeln in der szialen Welt.* Hamburg, 1998.

（26） Ch. Wulf : *Historical Anthropology and Educational Studies.in* : Ch. Wulf (Ed.) *Education for 21st Century.* Münster / New York, 1996. P. 53.

（27） 日本における「他者」論の先駆けとして、本田和子の『異文化としての子ども』（紀伊國屋書店、一九八二年）を挙げることができるであろう。また、最近では、ヴィトゲンシュタインを論じた次の「他者論」も、注目されるところである。丸山恭司「教育において〈他者〉とは何か」『教育学研究』第六七巻、第一号、二〇〇〇年、一一一頁。

（28）Ch. Wulf : *ibid.*, *P. 54.*

（29）Ch. Wulf : *Vom Menschen. Handbuch Historische Anthropologie.* Weinheim und Base 1, 1997.

ヴルフは、1,160頁にもわたる大部の本書（編著書）で、「コスモロジー」、「世界と物」、「系譜学と性」、「身体」、「メディアと人間形成」、「偶然と宿命」、「文化」の問題を、実に詳細にしかも網羅的に論じている。

（30）D. Kamper／Ch. Wulf (Hrsg.) : *Anthropologie nach dem Tode des Menschen.* Frankfurt am Main, 1994.

（31）M・フーコー（中村雄二郎訳）『知の考古学』河出書房新社、一九九五年、二四頁。

第五章　「発達」からメタモルフォーゼへ

一　「発達」というまなざし

1　「発達」というフィルター

二〇世紀初頭の新教育の時代以後、「発達」という語は「教育学を主導する概念」になった、とドイツの教育学者エルカース（J. Oelkers, 1947〜）は述べている[1]。たしかに、現在では「発達」（development, Entwicklung）という語を抜きにして教育行為を説明することは、ほとんど不可能に近いように見える。ごく日常的なレベルでも、発達という言葉はすでに自明のこととして、人々の間に広く受け入れられている感がある。例えば、乳児期・幼児期の発達から少年期・青年期の発達が問題にされ、さらに最近では、「生涯発達」という言い方もなされてきており、この語の外延はこのところ広がる一方である。このように、現在私たちは、子どもや青年を発達の相のもとで理解し教育を考えることを、ごく当然のように考えてきている。子どもは、ちょうど階段を一段一段上るように、それぞれの課題（developmental tasks）を達成しながら発達していくということを、私たちは疑う余地のないこととして理解してきている。

しかし、歴史を振り返って見れば分かることであるが、人が子どもの時代を過ごし、次第に成熟し成人に至るというプロセスを、対象化して分節化することに、ほとんど関心を抱かなかった時代が、実は長く続いたのである。近代以前には、そもそも《時間》の経過とともに人が発展的・向上的に変化するという観念そのものが希薄であった。これは《進歩》や《進化》の観念と同様に、近代になってはじめてまなざしを向けられるようになった観念の一つだからである。(2)

そこで、本章では「発達」を実体的な内容を表す概念としてではなく、近代社会において形づくられてきた一つの観念、あるいは記号としてとらえ、「発達」という記号に含まれる独特の意味と構造について、考察を加えていくことにしたい。

2　「発達」というまなざし

オランダの精神医学者、ヴァン・デン・ベルク（J. H. van den Berg, 1914～）は、一七世紀以前の西洋の人々が、身分・階層を問わず、子どもが「成人する」ということにほとんど無関心であったという興味深い事実を、さまざまなデータを駆使して浮かび上がらせている。彼はこう書いている。

「ルソー以前には、誰一人『成人すること』について言及した人はいません。ロックは一言も触れていません。モンテーニュも同様で、彼の場合には、とくにそれが目立ちます。モンテーニュは、『随想録』の中でありとあらゆることに触れているからです。……あらゆるものを観察し、自分の見たものは何でも正確に記述したこの人物が、人生のいやおうなしに眼に入る成熟という段階、自分自身の経験に加えて、子どもたちとの経験という二重の点で、私たちがよく知っている人生段階については、何ら触れていないのです。……ルソー以前のすべての著者たちが何も見なかったのは、見ようとしたところで見るべきものが存在しなかったという方が、もっとありそうなことではないでしょうか。」(3)

およそルソー（J. J. Rousseau, 1712～1778）以前の時代には、人が「成人する」ということが、それほどの問題として意識されてはいなかった。こう述べて、ヴァン・デン・ベルクは、一六世紀の頃には、一一～一二歳前後の男子が、すでに〈小さな大人〉として扱われ、社会生活や労働の場において、実際に大人に近い生活を送っていた事実をいくつも挙げている。

例えば、モンテーニュ（M. de Montaigne, 1533～1592）と同じ時代のフランスで一五五〇年に生まれたテオドール・アグリッパ・ドービニェという男の子は、六歳でギリシア語、ラテン語、ヘブライ語を学び、八歳の終わりには、プラトンの著作の仏訳をしたと言われている。ちょうどその頃、彼は、父親の属するユグノー派のグループの処刑を目撃し、首を切られた死体を前にして、父親の求めに応じて報復を誓っている。この少年は、一〇歳で宗教裁判に引き出され、焚刑が宣告されたにもかかわらず、きわめて冷静で、その場で禁止されているユグノー派の儀式すら演じて見せたという。こうした事例をあげて、ヴァン・デン・ベルクは次のように言う。

「処刑の結果が冷静に観察でき、生涯にわたって誓いの言葉に忠実に生き、聖餐式の解釈を自分で吟味でき、危機に瀕して死の恐怖を推測できる人間——これはもう子どもではありません。立派な大人です。(4)」

このように、この時代には自分たちと一緒に住む小さな人間を〈子ども〉として扱い、特別な配慮の対象とする習慣がなかった。子どもは、早くから見様見真似で大人たちの生活を模倣しており、一一〜一二歳になると、大人社会や職業集団に仲間入りする身近な共同生活者として扱われていたのである。

そこでは、〈大人〉になるべき基準は、あらかじめ世襲の身分や職業集団の中に厳然と存在しているために、「発達」という抽象的な観念が生じる余地がなかった。「発達」は、職業的身分制度が崩壊し、共同体の桎梏から個人が「解放される」過程で生じた新しい観念である。(5)それは、〈進歩〉、〈発展〉、〈内面性〉、〈時間〉などと共に生じた近代社会に特有の観念、あるいはフィルターであると言うことができる。

「変化の歴史心理学」という副題をもつ『メタブレティカ』（一九五六年）の中で、ヴァン・デン・ベルクは、歴史の中での人間の《まなざし》の変化を丹念に跡づけている。社会の近代化、すなわち共同体の崩壊とともに、徐々に子どもが大人の職業世界から引き離され、いまだ「自己保存の力」の脆弱な段階にある者として、特別な配慮の対象として扱われるようになった(6)。子どもが教育的配慮の対象となる過程で、抽象化された、あるいは普遍化された〈人間〉に至るプロセスとしての「発達」という観念が生まれる。すでにアリエス（Ph. Ariès 1914-84）やヴァン・デン・ベルクが指摘しているように、ルソーの『エミール』（一七六二年）は、そうした意味で発達途上にある〈子ども〉という新しい〈観念〉の創出を促した書物であった(7)。次のルソーの言葉は、「発達」という新しい観念を生み出すイマジネーションに満ちている。

「私たちは、弱いものとして生まれてくる。だから私たちには、力が必要である。私たちは、何も持たずに生まれてくる。だから私たちには、援助が必要である。私たちは、分別を持たずに生まれてくる。だから私たちには、判断力が必要である。私たちが生まれてきた時には持っていなかったもの、そして私たちが大きくなった時に必要なもの、そういうものは、すべて教育によって私たちに与えられる(8)。」

ここでルソーが強調しているように、子どもの「弱さ」への着眼こそが、実は「発達」の観念を生み出す母体であった。動物のような本能的適応力を持たないヒトの子の「弱さ」は、逆に言えば、これから生きていく一切のものを獲得し受容できる、しなやかで豊かな可能性があることを示唆している。〈大人〉とは違う〈子ども〉は、確かに弱く保護を必要とするものであるけれども、その弱さこそが、むしろ「発達」の可能性をはらむものである。近年、〈胎児化〉、〈ネオテニー〉(neoteny)ということが注目されてきているが、それは、人間の能力があらかじめ特殊化・固定化されていないこと、すなわち開かれた柔軟性・可塑性を有することを示唆している。(9) こうして、「無力な存在」として生まれた子どもが、徐々に生活環境に適応し、文化を習得して、自己保存の力を獲得していく過程として、「発達」が説明されることが多い。これはたしかに無視できない点であろう。

しかし、ヴァン・デン・ベルクは、今日「発達」の問題に常につきまとう、もう一つ別の側面を指摘している。それは、第一に、産業化の波の中で労働の分業化と価値観の多様化が極度に進行し、子どもから見て「成熟すること」、「発達すること」の具体的なモデルが拡散してきていることである。そのために、子どもが〈大人になること〉の必要性やリアリティを実感できないという状況が生まれてきている。第二に、労働の高度化と分業化、機械化、そして情報化に伴って、〈子ども〉はますます〈大人〉の世界から引き離され、いわば〈大人〉予備軍として、合理的にシステム化された学校教育制度の中で教育されるようになった。その結果、子どもが生活の全体性を失い、一元的に抽象化された「発達」の世界にますます囲い込まれる傾向が強くなってくる。

私たちは、身分制度から解放された啓蒙の時代の人々のように、社会の無限の発展や進歩を期待しながら、その延長線上に、子どもの「発達」を考えることはもはやできない時代に生きている。むしろ、現代は、ヴァン・デン・ベルクも指摘するように、高度の産業化と都市化の結果、諸々の通過儀礼が崩壊し、大人の生活の全体も見えにくくなり、子どもが大人になることの具体的な道筋が不透明になりつつある時代である。

〈大人になること〉の確固とした見通しを失った子どもたちは、ともすれば幼児期からの「早期教育」などのように、抽象的で一元的な「発達」の世界に追い込まれがちである。子どもに固有の生活世界が「発達」の名のもとに抑圧されるという状況さえ生じてきている。私たちはこのようなパラドクシカルな今日的状況を見据える中で、「発達」の問題をとらえ直していく必要があるのである。

2　世界の変成

「発達」とは何かを考えるとき、よく引き合いに出されるのが、動物と人間の行動の違いの説明である。動物はア・プリオリにセットされた本能によって環境に適応し、自己保存と種族保存を繰り返すが、ゲーレン（A. Gehlen, 1904~76）も言うように[10]、人間はそのような種としての環境適応装置に欠けた存在（欠陥生物、ホモ・デメンス）である。そこで、適応本能に代わるものとして、言語を媒介とした文化の世界を創り出し、それを介して環境にはたらきかける。そこにヒトの子の発達の可能性が生まれる。動物のように、行動が種の本能によって固定化されたり、変化の可能性が閉ざされているところでは、「発達」は起こらないからである。動物と人間の行動の違いを、精神医学者、トゥーレ・フォン・ユクスキュル（T. von Uexküll, 1908〜）は次のように説明している。

「人間は、自らがたえず行う投企（Entwurf）に基づいて、自己の世界を構築しなければならない。人間は、動物とは異なって、初めから環境世界（Umwelt）をもってはおらず、……自己に独自なしかたでのみ個々の対象を捉える力を具えている。その意味で、人間は、環境世界に束縛されているのでなく、むしろて開かれているのである。……人間はもともと《世界を喪失している（Weltlösig）》存在であるがゆえに、つねに新たに《世界を投企し直すこと（neue Weltentwurf）》によって、この喪失状態を覆い補わねばならない。……というのも、人間は、自らの《世界投企》を首尾よく行い、それによって、自己を現実化しうる場合にのみ、生存が可能だからである。(11)」

動物の本能的な行動を「環境に制約された」（umweltgebunden）と呼ぶならば、人間の行動は「世界に開かれた（weltoffen）と呼ぶことができるであろう(12)。それは、よく次のような図式で説明される。

動物⇅固定化された環境世界（Umwelt）
人間⇅解釈され、構築された世界（Welt）

ユクスキュルの説を踏まえ、さらに敷延するかたちで、スイスの動物学者ポルトマン（A. Portmann）は次のように述べている。

「ある動物には、たいていその動物にふさわしい環境、例えば草原とか森林、河川や高山地帯とか、あるいはもっと狭い限られた樹木の頂上、藪とか岩の上というような地域をあげることができるが、そういう意味のどんな環境も、人間にはありえない。われわれ人間の存在様式全体が、それとはまったく正反対に、人間によって積極的にさがし求められた一つの自然領域の中に、特別な人間の『世界』（Welt）を創りだすのであって、人間の行動によって形をかえられた自然の材料からその『世界』を創りあげるのである。なるほど動物でもその環境をつくりかえるが、それはただ本能的な活動による、いわば固定された『環境世界』（Umwelt）の一片であるにすぎない。(13)」

人間の行動が世界に開かれているということは、「表象する」能力があると言いかえることもできる。それは心の中に対象を描き出せるということである。心像（イメージ）をもつと言ってもよい。それは、知覚にただ部分的に与えられるものを、たえず行動的文脈の中で多面的に補うことであり、また時間的にも空間的にも遠く離れて、感覚的には与えられていないものを補って表象することができる能力である。人間は本能的な〈衝動〉（Appetenz）の制約を超えた、つねに「解釈された意味の世界」に生きている。この「解釈された意味の世界」を、言語体系によって切り取られた世界、関心や文化の体系によって構造化された世界と呼ぶことができるであろう。

こう考えると、動物と人間の違いは、動物は自己の生命を単に「生きる」（leben）のであるが、人間は、彼の「生活を導く」（Leben zu führen）と言い表すこともできるであろう。[14]「生活を導く」とは、〈環境世界〉に固定化されることなく、開かれた〈世界〉の中で自ら行動を選択し、つねに新しい〈世界〉の中で生き続けていくという意味である。

ところで、言語学者の丸山圭三郎（1933～93）は、ソシュール（F. de Saussure, 1857～1913）の言語理論やヤーコプ・フォン・ユクスキュル（J. v. Uexküll, 1864～1944）の「環境世界」の学説を踏まえて、動物と人間の行動の差異を、そこに構成される二重のゲシュタルトの違いとして説明している。つまり人間は、①ヒトという種に固有のゲシュタルトと、②それぞれの文化に固有のゲシュタルトとの、二重の構造の中に生きていると彼は考える。[15]

これは、どのようなことか。彼はまず前者を、市川浩（1931～）の用語を借りて、[16]〈身分け構造〉と呼ぶ。これは動物一般がもつ生の機能による種のカテゴリー化であり、J・v・ユクスキュルの言う〈環境世界〉の概念にほぼ等しい。身体の出現とともに世界が〈地〉と〈図〉の意味分化をとげ、それにかかわる身体の方も世界を介して分節化される構造である。いうまでもなく、〈身分け構造〉は生体による一種の意味構築であって、決して自然の中にア・プリオリに存在する物理的構造ではない。ユクスキュルがよく引き合いに出すように、ダニにはダニに固有の、トカゲにはトカゲに固有の、そして「高等動物」とされる人間の場合にも固有の〈身分け構造〉がある。われわれが「自然」と呼ぶものがあるとすれば、この本能に基づく行動様式とエネルギーによって浮かび上がらせたもの以外には存在しないと考えられる。

第二の「文化のゲシュタルト」とは、人間の宿命ともいうべきランガージュ（発話行為）の生み出した〈言分《ことわ》け構造〉である。カッシーラー（E. Cassirer, 1874～1945）も言うように[17]、人間は、シンボル化能力によって過去と未来を作り、「今、ここ」という時空を超えて、眼前にないものを現前化させる。

コトバは、人間の実存が自然的存在を超過している「余剰部分」であると言われる。コトバによって分節化され構成された「余剰部分」が〈文化〉であり、人間はそれぞれの〈言分け構造〉によって構成された世界に住む。このように、人間は無意識のうちに、〈身分け〉と〈言分け〉という二重の分節化によって構造化された世界を生きているのである。

この丸山理論で特徴的なことは、J・v・ユクスキュルやポルトマンのように、文化の有する解放的側面ばかりでなく、第二のゲシュタルトである〈言分け構造〉によって構成された、〈文化〉

そのものの有する抑圧性が指摘されていることである。すなわち、もともと〈ホモ・デメンス〉（homo demens）である人間は、文化という皮膜を身に付けることによって、かろうじて秩序化された意味世界の中に生きることができるのであるが、しかし同時に、その〈世界〉の秩序や構造が、そこに住むヒトの思考や行動を無意識のうちに拘束するという側面があることを強調する。**ヒトは〈文化〉によって自然から解放されると同時に、〈文化〉によって拘束され抑圧されるという、文化の有する独特の両義的性格を、**丸山は説得力のある論理で展開している。

このように、人間は〈身分け構造〉によって種としての世界を分節化し、〈言分け構造〉によって、文化的世界を分節化するのであるが、この丸山理論は、既存の文化体系の獲得が、そのまま人間の発達を無条件に保障するものではないということを私たちに示唆してくれる。ヒトの形成する文化そのものが、ヒトの思考や行動を抑圧したり、それをステレオタイプ化する事例はいくらでも挙げることができるからである。こうした状況下では、発達することと文化的抑圧を引き受けることとは、ほとんど同一のプロセスに等しいとさえ言うこともできるのである。

3 「発達」からメタモルフォーゼへ

それでは、私たちは「発達」をどのように考えたらよいであろうか。しばしば発達とは、すでに構造化された言語・文化体系を学習によって徐々に獲得し、人間の内部に環境適応能力を蓄積していくことであると説明される。子どもは、いわば白紙（tabula rasa）の状態で、生活環境の言語や文化を吸収することで、白紙に色づけがなされ環境に適応していくとする見方がこれまでかなり支配的であった。しかし、オランダの教育学者ランゲフェルド（M. J. Langeveld, 1905～89）は、環境への適応を基準としたこうした発達観の一面性を指摘している。

「現在、到るところで論じられている《発達》なる概念は、いつも決まってそれを外的に規定する客観的諸条件のみを前提として論じられており、実はこうしたとらえ方こそ、今日われわれが相も変わらず極めて偏った《子ども》像しかもち得ない根本原因と言うべきであろう。[18]」

ランゲフェルドも言うように、外的な条件、すなわち「社会化」（Sozializierung）や「文化化」（Enkulturation）などの概念だけで「発達」を説明するならば、こうした一面的な見方に陥り易い。ところで、精緻な「発達教育学」（Entwicklungspädagogik）を構想したドイツの教育学者ロート（H. Roth, 1906～83）は、「発達」という現象を説明するための思考モデルを設定する不可欠の前提として、次の三つの問いを立てている。[19]

第一に、人間がある点においては同一のままであるのに、しかもなお変化するという事実をどう考えるのか。すなわち、人間が「変化しながら同時に自己の同一性を保持するということ」をどう説明するのか。

第二に、人間は彼の生きている世界との対決、つまり彼の外部にあるすべてのもの（他者、事物、社会、文化など）との対決において発達すると考えられるが、それは同時に、彼の内部に経験的に構築されてきた構造そのものの変容を迫るはずである。このような外部的世界と内部的世界の均衡の回復と再構成は、どのようにしてなされるのか。

第三に、以上のような人間世界の生成において重要なことは、そのプロセスそのものなのか、それとも到達を期待される達成水準の方なのか。

このような問いを立てた上で、ロートは人間の発達を「人間の行動のたえざる拡大[20]」、言いかえると、主体と外的世界との相互作用のプロセスによる〈構造〉の絶えざる組み換えにあると説明する。ロートは次のように述べている。

「発達というものは、その中において均衡状態が妨害され、再発見、再構成されるような人格（個人）と環境の諸関係の段階的交替として理解されるものなのであるが、しかも、そのような均衡をたえず必然的に再生産することに対する指導能力が個人の指導力へと可能なかぎり十分に移行するまでその状態が続くものなのである。[21]」

このように、ロートは主体と環境との間に生じた不均衡を、相互作用を通して新しい均衡にまで回復する行為そのものを、人間の発達過程として説明する。均衡状態の再発見と再構成、しかもそうした均衡を再生産する上での「個人の指導力」の増加を、「発達」の重要な指標としているのである。この考え方は、心理学者ピアジェ（J. Piaget, 1896~1980）の有名な相互作用説を彷彿とさせるであろう。

周知のように、ピアジェは生物学でいう〈同化〉と〈異化〉の概念を拡張し、〈同化〉と〈調節〉という概念でヒトの知的発達をモデル化した。つまり、人間にはシェマ（schêma）と呼ばれる内的な行動パターンがあり、主体はこのパターンに従って外界の事物を操作しようと試みるが（同化）、このパターンに適合しない新しい対象に出会うと、今度は自らのシェマを変えて（調節）、外界に適応していこうと努める。この〈同化〉と〈調節〉という相反する二つの機能を最大限に均衡化する過程で、主体の内部に生成していくものが構造の変化であり、それが「発達」と呼ばれる現象である。これによれば「発達」とは、生体がすでに獲得した機能、すなわちシェマに従って環境とのたえざる相互交渉を行い、その結果として、より高次の構造化を果たす過程として、描き出されている。(22)

言うまでもなく、すでに述べたロートの視点も、ある意味ではこのピアジェの相互作用説の延長線上にある。次のロートの言葉からも、そのことを読み取ることができる。

「発達の思考モデルというものは、ありうべきラセン状のイメージと生成しつつあるものとしての人間という構想とのもとにおける、さまざまな発達段階の組み合わせである。そして、ここでいう生成しゆく者としての人間とは、成長や学習や創造の過程において――つまり、その中でたえず人間が自分自身を乗り越えていくような一つの形成過程において――自分自身の目標をさえ持つ存在なのである。[23]」

発達とは、人間が学習や創造の過程で生成していくこと、すなわちたえず自分自身を「乗り越えていく」ことなのである。さきに紹介したランゲフェルドも、ほぼ同じ趣旨のことを、「プロジェクション」という概念を使いながら説明している。彼によれば、人間の発達とは単に「言語」や「文化」の世界に適応していくだけではない。さらに人間が自己をさまざまに「プロジェクション」（projection）する力を獲得することである。子どもは、自己を将来に向けてさまざまにプロジェクト（投企）することを繰り返すことによって、自己に固有の構造化された生活世界（Lebenswelt）を形成していく。「発達」とは、プロジェクションによる個々の生活世界の構造の組み換えに他ならない。ランゲフェルドはこう述べている。

「プロジェクトしつつある子どもは、世界の中へと自己形成（sich-gestalten）しているのである。なぜなら、その子どもは世界の中で自己を表現しているからである。……プロジェクションは、しばしば一つの新しい世界形成を行っているのである。すなわち、そこでは、接触したり、試したり、子どもが熱望するか厳しく拒むような人間関係を真剣な遊びの中で企画したり、新しい活動、課題、目標の設定がなされているのである。(24)」

自己を未来に投げ入れる新しい問題に取り組む中で、子どもは既存の世界を脱出し、新しい世界を形成してゆく。こうしたプロジェクションの行為の繰り返しの過程で、生活世界の構造がより能動的なものに組み換えられていくのである。

こう見てくるならば、「発達」とは決して「社会化」や「文化化」のカテゴリーに収まるものではなく、むしろ子どもと世界との〈関係〉の動的な変化であり、〈構造〉そのものの〈組み換え〉であることが理解できるであろう。

先に述べたように、「発達」を子どもと世界との〈関係〉や〈構造〉の不断の〈組み換え〉過程として説明できるとするならば、次に、この〈構造〉の変化と所与の社会や文化の体系性とは、どのような関係にあるのかが問題になるであろう。すなわち既存の社会・文化の体系の〈構造〉と子どもの〈構造〉とは、どのようにかかわり合うのであろうか。すでに紹介したドイツの教育学者ロートは、子どもの発達における「社会的・文化的文脈」の重要性を強調した研究者の一人である。彼は次のように述べている。

「子どもや青年の教授や教育にとって重要なものはすべて、われわれが人間をある一つの社会や文化の文脈において成熟し、一人前に成人し、批判能力をもち、生産的・創造的になり、責任をもって主体的に決断できる存在となったと最大の確信をもって承認できるような、そのような人間文化の発展におけるあの《頂点》（Spitze）を基準にして、判定されなければならないという結論を示しておいた。[25]」

ここで、「ある一つの社会や文化の文脈の中で成熟し」と述べられているように、たしかに「社会や文化の文脈」から離れて、子どもの発達を考えることはできない。人間は真空の世界で生きているのではなく、すでに見てきたように、社会や文化の秩序（構造）との相互作用を行いつつ、自己の内部にそれぞれの秩序（構造）を形成していくからである。

しかし、さらに考えてみると、「社会や文化の文脈において成熟し、一人前に成人すること」と「批判能力をもち、生産的・創造的になる」こととは、必ずしも同一のことがらではないのではないか。むしろ、両者はしばしば矛盾することがらではあるまいか。というのは、前者は既存の文化のコードを「獲得すること」を意味し、逆に後者はそうした文化のコードの破壊（異化作用）ないしは既存のコードからの脱出を意味するからである。ロートが、人間の発達過程を社会的コード内の「成熟性」と「破壊性」を併せ持つものとして、両義的にとらえようと努めていることは、たしかに理解できないわけではない。

しかし、ロートはこの相対立し、矛盾し合う両側面をつきつめたかたちで理論化しているようには見えない。むしろそこには、文化の学習における「同化」と「異化」の、もしくは「成熟性」と

「破壊性」との、ある種の予定調和の論理が潜んでいるように思われる。

私たちは、むしろこうしたコードの「成熟性」と「破壊性」を、〈文化〉の有する根源的なパラドックスとして、冷静に理解しておく必要があるのではないか。社会や文化のコードとの相互作用を繰り返すことによって、子どもはその文化内容を学習し、吸収することができる。文化内容を獲得することは、その文脈において、何らかの能力を身に付け、行動能力を拡大することにつながる。しかしながら、それによって社会化される以前の子どもの根源的な表現欲求、すなわち丸山圭三郎の言葉を借りれば〈欲動〉(Trieb, pulsion) が、定型性を付与されてしまう恐れもないとは言えない。そう考えれば、もともと秩序の外部にある子どものエネルギーが、既存の社会・文化のコードの枠のなかに定型化されていく過程を、「発達」であるとシニカルに見なすこともできないわけではない。[26] 「発達」という観念の有するこうした秩序維持の機能を批判してきた一人が、例えば本田和子である。本田は『異文化としての子ども』の中で、こう書いている。

「子どもが『無限の可能性』であるとすれば、それは大人にとって把握不能である。『無限』をつかまえることなど、とうてい出来はしないのだから。そこで全面に押し出されたのが『発達』であった。子どもを『発達』でとらえるために、一応の道すじや段階が必要となる。ゆえに、大人に到る道すじが焦点化され、子どもはその途上にある者として輪郭を与えられる。道をつけるためには、現行の秩序体系に基づく分節化が適用された。こうして『発達』は『秩序への適応』

とほぼ同義となり、『無限の可能性』は密かに有限化されて、子どもは、たいへんわかりやすい存在となった。(27)」

人間の「発達」は、すでに見たように既存の文化コードの習得を含むのであり、その意味では、「発達」とはすでにでき上がった「秩序への適応」という側面を有することは否定できないであろう。しかし、子どもの生きている生活世界の側から見るならば、子どもの根源的欲求（欲動）は、社会の既存のコードをはるかに逸脱する豊かなものをも含んでいる。実はこれが、定型化された既存のコードを揺るがし、破壊し、それを大きく組み換えていく原動力ともなるのである。子どもの「反秩序性」・「異文化性」を秩序の内部に組み入れていく「発達」ではなく、そうした単純な一元的な「発達」そのものを異化する「メタモルフォーゼ」（自己変成）の運動体として、子どもをとらえていくことが必要である。それは到達地点を持たない、つねに流動し続け、変成し続ける変成体にほかならない。

子どもを既存の文化に組み入れたり、発達のモデルで評価したりするのではなく、つねに開放系の変成体として動き続ける子どもの生命に寄り添い、そうした子どもに関わり続けることで、実は、大人自身が自己変成を遂げていくことが可能になる。「メタモルフォーゼ」とは、決して単体の自己準拠的な自己変容ではなく、異世界や他者と深く関わり合い、その過程で、両者がともに変化を遂げていく現象をさしているのである。

註

（1）J. Oerkers : *Reformpädagogik, Eine kritische Dogmengeschichte.* Juventa, Weinheim und München, 1989, S. 86.
（2）J・H・ヴァン・デン・ベルク（早坂泰次郎訳）『現象学の発見』勁草書房、一九八八年、一五八頁。
（3）J・H・ヴァン・デン・ベルク（早坂泰次郎訳）『メタブレティカ――変化の歴史心理学』一九八八年、二二三-二二四頁。
（4）J・H・ヴァン・デン・ベルク、前掲書、二六頁。
（5）宮澤康人「近代的子ども観の『発明』」、『新しい子ども学』第3巻所収、海鳴社、一九八六年、一〇五-一〇八頁。
（6）中内敏夫「〈教育〉の誕生、その後」、『〈教育〉――誕生と終焉』所収、藤原書店、一九九〇年、一三頁。
（7）Ph・アリエス（杉山光信・杉山恵美子訳）『〈子供〉の誕生――アンシャン・レジーム期の子供と家族生活』みすず書房、一九八六年、三五-五〇頁。
（8）J・J・ルソー（長尾十三二他訳）『エミール』（I）明治図書、一九八三年、一九頁。
（9）西脇与作「ネオテニー、成長と進化」、加藤尚武他編『子ども』所収、岩波書店、一九九一年、一四三頁。
（10）A・ゲーレン（亀井裕・滝浦静雄他訳）『人間学の探究』紀伊国屋書店、一九七〇年、三七頁。
（11）Thure von Uexküll ; *Der Mensch und die Natur ―― Grundzüge einer Naturphilosophie.* München, 1953, S. 246. トゥーレ・フォン・ユクスキュルの邦訳論文は、有名な動物行動学者ヤーコプ・フォン・ユクスキュルとの下記の共著の中で、見ることができる。日高敏隆・野田保之訳『生物から見た世界』思索社、一九八八年。二六三―二九九頁。
(12) A・ポルトマン（高木正孝訳）『人間はどこまで動物か』岩波書店、一九七一年、九一頁。
(13) A・ポルトマン、前掲書、八八―八九頁。
(14) A・ポルトマン、前掲書、九五頁。
(15) 丸山圭三郎「〈身分け構造〉と〈言分け構造〉」（『カオスモスの運動』所収）講談社、一九九一年、九―二〇頁。
(16) 市川浩『〈身〉の構造』青土社、一九八九年、一一―一四頁。
(17) E・カッシーラー（宮城音弥訳）『人間――この象徴を操るもの』岩波書店、一九七〇年、三五頁。
(18) M・J・ランゲフェルド（岡田渥美・和田修二監訳）『続・教育と人間の省察』玉川大学出版部、一九七六年、三九頁。
(19) H・ロート（平野正久訳）『発達教育学』明治図書、一九七六年、二四六―二四七頁。
(20) H・ロート、前掲書、二四七頁。
(21) H・ロート、前掲書、二四七―二四八頁。
(22) J・ピアジェ（波多野完治・滝沢武久訳）『知能の心理学』みすず書房、一九九〇年、二〇二頁。
(23) H・ロート、前掲書、二五〇頁。
(24) M・J・ランゲフェルド、前掲書、六八―六九頁。
(25) H・ロート、前掲書、三六頁。
(26) 例えば、山下恒男は、かなり早くからこうした立場で〈発達〉の問題をとらえてきている。『子どもという不安――情報化社会の「リアル」』現代書館、一九九三年、二七五頁。
(27) 本田和子『異文化としての子ども』筑摩書房、一九九二年、一八頁。

第六章　異化作用としての経験

経験の貧困化が言われるようになって久しい。思想史家の藤田省三は、かつてあるエッセイの中で次のように書いている。

「精神的成熟が難しい社会状況となっている。すっぽりと全身的に所属する保育機関が段階状に積み上げられたようなかたちの社会機構が出来上がっていて、成熟の母胎である自由な経験が行われにくくなっているからである。(1)」

社会の制度化が進行する中で、青少年が成長し、成熟を遂げていく上で不可欠と見られる経験が成立しにくくなった今日の状況が指摘されている。それは、高度の「情報・消費社会」における「経験の貧困」という問題である。それは、青少年が動植物を育てたり、多様な自然体験の場がなくなったということ以上の問題を提起していると思われる。すなわち、社会の制度化と情報化の進行により、種としてのヒトの子が人間に成るための基礎的経験の場そのものが、解体の危機に瀕しているのではないかという問題である。

テクノロジーやマスメディアの高度の発達が、諸個人の「経験の貧困」（Erfahrungsarmut）を招き、「物語」や「アウラ」（Aura）の消滅をもたらしたことを指摘したのは、藤田も大きな影響を受けたベンヤミン（W. Benjamin）であった。ベンヤミンにとって、経験とは「新たな意味を生み出すような対象とのそうした多義的な関係」(2)を指していると言われる。テクノロジーの支配する「情報・消費社会」においては、自然や他者、事物との関係は、情報の消費というシミュレーションの中に取り込まれてしまっており、「現実」は一義的な相貌しか見せず、その多義性や重層性は姿を消している。

このように「経験の貧困」という事態が深く浸透してきている中で、小学校では二〇年近く前から生活科が導入され、他者や自然との「関わり合い」を主眼とする実践が試行されてきた。また二〇〇二年度からは小学校ばかりでなく、中学校、高校、養護学校においても、「総合的な学習」の時間が新設された。そこでは、高度の情報・消費生活化の進行するただ中で、他者や自然、事物と直接に「関わり合う」学習が期待されてきた。

しかし、高度に情報化し、消費化した社会が出現した現在、学校の内部的な努力だけで「経験の貧困」の問題に対応できるとは到底考えられない。そこには、藤田の指摘にもあるように、学校を取り囲む現代の社会制度そのものが、諸個人に固有の経験を漂白しかねない仕組みに向かっていると思われるからである。(3)

人が「経験する」というとき、「経験する主体」と「経験される客体」とをはっきりと二分することはできない。そこでは、単なる〈主観－客観〉図式を越えた「現実」把握の運動、すなわち個々の対象認識を越えた「現実的な生活」（wirkliche Leben）が問題になるからである。(4) したがって、「経験の貧困」という問題は、ただ単に生活体験不足やそこから生じる事物認識のリアリティの欠如という問題を生み出すだけではない。そこには、人がその中に生きるアクチュアリティ（現実性）の希薄化という問題、さらには意味ある他者の不在という問題にまで立ち至る事態が内包されているのである。

そこで、本章では経験の有する「現実」構成（Konstruktion）の運動と同時に、一旦構成された「現実」への異化運動（Verfremdung）という両義的でパラドクシカルな構造、つまり経験の構成的（poiēsis）でありつつ同時に詩学的（poiētikēs）でもある構造を明らかにし、人間の生成過程における経験の意味を考察していきたい。

1　経験のパラドックス

1　「現実」を制度化する運動

古代ギリシアの時代にあって、経験の重要性を深く認識していたアリストテレスは、経験について以下のように述べている。

「経験（empeiria）が人間に生じるのは記憶（mneme）からである。というのは、同じ事柄についての多くの記憶が、やがて一つの経験の活用能力をもたらすからである。（中略）実際に行為する上では、経験は技術にくらべてなんらの遜色もないように見える。のみならずむしろ経験家の方が、経験を有しないで概念的に原則だけを心得ている者よりも、遥かにうまく当てる。その理由は、経験は個々の事柄についての知識であり、技術（tecknē）は普遍についての知識であるが、行為（praxis）や制作（poiēsis）は、すべてまさに個々特殊の事柄に関することだからである。[5]」

近代のロック（Locke, J.）やカント（Kant, I.）に至ると、経験とは合理論に対立する「認識論上の概念[6]」に変質するが、アリストテレスにとっての経験とは、単なる認識論上のカテゴリーではなく、実生活における行為や「個々特殊な事柄」に関する問題処理に関わるカテゴリーであった。一般に、「経験のある医者」とはただ単に長い歳月をかけて治療に当たってきた人ではない。その歳月の間に、治療に関する実践的な知見を多数蓄積し、その知見のもとに即座に治療行為に当たれる力量をそなえた人のことを指している。

経験をこのように人間の行為上の問題処理能力の蓄積として理解したのは、無論アリストテレスばかりではない。哲学的人間学の立場から、ゲーレン（A. Gehlen）も経験の有する人間学的意味を、人間の問題処理行為における「負担軽減」の機能に求めているのである。

第一に、経験は遺伝形質によって獲得できるものではないから、人間は自己の出会う膨大な量の問題群を一つ一つ繰り返して処理していかなければならないが、そこに過去の経験的蓄積が介在すれば、個人の問題処理の負担は、はるかに軽減される。

第二に、経験はこの現実が見せる無限に多様な相貌に対して、ある一つの可能性だけを選択して固定化し、それに習熟することを教える。経験は「現実の選び取りと固定化」を可能にしてくれるのである。ゲーレンは、次のように述べている。

「経験は、伏在する多くの可能性のうちから、はっきりと規定された可能性だけを選び出す。このために、現実離れのした可能性への関心は、結局はすべて片付けられていく。このことは、われわれの身体にそなわっている無数の作業傾向のうちで、不用のままにおかれるものが決定的に退化してしまうのと同様である。[7]」

第三に、こうした経験の有する「負担軽減」と「活用と決済」の機能は、それ以外の多様な現実の相貌を「断念し」、「排除する」ことによってはじめて可能となる。経験によって秩序化された「現実」が構成され、安定した「日常性」（Alltäglichkeit）が姿を見せるようになる。

このように、ゲーレンにとって、経験とは「実習であり、取捨選択であり、創造と構成」なのであるが、彼は、それによって元々は切れ目のないカオス的世界に人間が直面する恐怖から逃れることができるという意味での「負担軽減」の機能を重視している。経験こそが、人間の置かれたカオスに秩序や輪郭、そして文脈を与え、共同化された制度を構成していく（konstruieren）母胎であると考えるのである。その意味では、ゲーレンの言う経験とは、未知性を既知性の制度の網の中へと取り込んでいく、絶えざる包摂の運動であると言うことができよう。

たしかに、私たちは個々の経験をそのつどゼロから始めるわけではない。私たちは、一つ一つの経験を意味づける解釈の枠組みを制度的蓄積として豊富に持つ「日常性」の中に既に住んでいる。経験は、いつも先行的に枠取られており、ある馴染まれた親和性の地平、言いかえると「類型的な先行的既知性の地平」に浸透されているのである。(9)

2 「現実」への異化運動

ゲーレンによれば、他の動物とは異なって、人間には環境にすっぽりと適応できる特殊化された本能が欠けており、他の動物には十分に与えられている多くの保護器官、攻撃器官、選択器官が退化してしまっている。こうした本能や特殊化の欠如（ヘルダーの言う欠陥生物 mangel Wesen としての人間）により、衝動のはけ口の回路が未決であるために、人間は無意識のうちに制度や文化という一定の規則性（コード）の水路を構成して、その水路の中に過剰な衝動を流し込まねばならない。

人間と環境との間には、制度化された文化や言語という一つのフィルターがつねに介在せざるを得ないのである。

しかしながら、人間は一元的に制度化された現実、つまり自明な「日常性」という現実の中ばかりに生きているわけではない。人間の内部には、流動的で固定されることを拒む生命衝動があり、生命体としての自己の単なる維持、保存をはるかに越えた過剰な（überig）エネルギーを内包させている。[10]ゲーレンによれば、それは「汲み尽くしがたい巨大な衝動エネルギー」であり、「人間の体質構造がもつ危なっかしさ、頼りなさ、あやふやさ」[11]である。この破壊的な衝動を自己抑制し、有り余った危険なエネルギーを流し込むための「水路」が、制度や文化の役割であった。

このようにゲーレンは、経験を習慣化された水路を形成するものとして「行動の文脈」を形成し、「活用と決済」の秩序を構成するものとして重視しているに過ぎない。そこでは過剰なエネルギーは危険この上ないものとして、制度によって飼い慣らさねばならないものとして捉えられてしまっている。果たしてそう考えてしまっていいのだろうか。むしろ不定形で過剰な生命力（丸山理論における「欲動」）こそが、新たな経験を生み出す母胎として考えることができるのではないか。慣習（habitus）として安定化し、制度化された日常性からはみ出し、逆にその日常性を揺り動かすものとして、経験を捉えることも十分に可能である。それは、秩序化された「現実」を異化し（Verfremdung）、その「現実」に亀裂を加え、別の相貌をもった新たな「現実」を呼び起こす原動力ともなるのではないか。

例えば、障害児教育の視点から独特の子ども論を展開してきた村瀬学は、学校生活で子どもたちの間に「いじめ」という現象が発生するメカニズムを、次のように説明している(12)。それは、教室という秩序化された空間（コスモス）に参入した異物（カオス）の所在を際立たせ、その目障りな異物をもて遊びながら、既存の秩序にねじ伏せようとする現象ではないか。そこには、子どもたちの間に、教室という「一元的現実」への居心地の悪さや苛立ちが無意識のうちに共有されているはずである。

村瀬によれば、子どもたちは、その生活世界の意識下に、多かれ少なかれ何か不気味なもの、無秩序なカオスの部分を抱え込んで生きている。子どものまなざしから見える風景は、街並みであれ、公園であれ、学校の講堂であれ、等質的な空間ではなく、あたかも「生きて呼吸している」空間のように感じられる。

ところが、学校の「教室」という場所は、強い照明で照らし出されたように全てが透視され、不可思議な闇の部分が排除された空間である。すべては目に見えているし、すべてが目に見えるようにされてしまう場所である。自分が隠れるところも、隠されたものも何もない。そこには整然と方向づけられた秩序があるだけである。しなければならないことは決まっているし、してはいけないこともあらかじめハッキリと決められている。それらはすべて自明なことであり、曖昧なところはなにもない。「教室」は「一たす一は二」を理解する手続きで、隅々まで理解できるものになっている。

ところが、こうした教室のもつ一元性、等質性に対して、個々の子どもは、逆に流動的で、不透明で、つじつまの合わない闇の部分を抱え込んで生きている。それが、実は子どもの活動のエネルギー源にもなっている。つまり、教室の中の出来事と子どもたちの生活世界との間には、はなはだしいギャップがあるのだ。「いじめ」の対象になる子どもが出現するのはまさにこの境い目であり、境界であると村瀬は言う。

「子どもたちは、ある意識水準では秩序立った教室世界を生きている。けれどもふっと意識をそらせば、その周辺に形にならない未知の世界のあることを予感する。例えば、その境い目にひとりの『赤い髪』をした『教室秩序になじまない』子をみとめるように。するとその子を突破口（契機）にして、教室の中に、秩序づけられないものを少年たちは引き寄せることになるのである。」(13)

均質な教室空間からは排除されてしまった異質な世界を、子どもたちは異形なるものを仕立て上げる過程で、ようやく経験することができる。それは、表面的には「いじめ」という言葉で括られる現象として現れようとも、見えざるかたちで同質化を迫る教室空間と子どもの内に潜むカオス性とのジレンマ、葛藤が生じていることの証しでもある。「いじめ」の背後には、秩序化と混沌化の二重の世界を行きつ戻りつ学校生活を送っている子どもの深層があることを理解しておく必要があるであろう。

ここで誤解があってはならないので、あえて蛇足を付け加えるが、むろん村瀬は、そして筆者も「いじめ」を肯定しているわけではない。そうではなくて、そこに混沌とした要素が抑圧され、合理化と秩序化の進んだ教室空間であればあるほど、子どもたちは無意識のうちに異物を作り出し、「排除の論理」を形成しやすいと考えられるのである。問題は、曖昧さや多義性を失って閉塞化した教室空間の「現実」であり、「いじめ」はその裂け目から剝き出しになった集団的な葛藤現象と考えるべきではないのか(14)。

2　構築された「現実」の流動性

前節では経験の有する制度化と脱制度化の両義的な運動、パラドクシカルな運動の側面を見てきた。人間は世界との無限な関わり方を限定して、ある特定の関わり方だけを反復、習熟して、ハビトゥスからなる社会制度を作り上げてきた。そこでは経験は「活用と決済」として作用する。これによって、場当たり的で試行錯誤的な無駄な労力は効率よく省かれる。しかし他方で、人間は「流動的で、不透明で、つじつまの合わない」混沌とした世界を内に抱え込んでおり、そうした多義性に満ちた「現実」に肌身で触れることによって、硬直化した制度化の網目に亀裂を入れることが十分に可能になる。**それは、人が先行的に解釈された「現実」とは異なった、新たな「現実」の中に**

投げ出されることを意味する。そして、いささか先走った言い方をすれば、人間が「成熟」（藤田省三）できるのは、ある行為を通して、新たな「現実」の地平（Horizont）が切り拓かれるという経験によってではないのか。しかし、この結論に入る前に、ここで筆者の考える「現実」の意味について、説明を加えておきたい。

日本語で「現実」を示す言葉には reality, Realität, réalité, と actuality, Actualität, actualité の二つの系列があるが、両者の微妙な意味の違いを指摘したのは、精神病理学者の木村敏である。木村によれば、reality は、ラテン語の res（レース）つまり「事物」という語から派生しており、事物的、対象的な現実であり、私たちが勝手に作り出したりすることのできない既成の現実（実在）を表す場合に多く用いられる。これに対して actuality の方は、ラテン語で「行為」を意味する actio（アークチオー）から派生している。それは、「現在、途絶えることなく進行中の事態」を指し示している。したがって、それは客観的、対象的な認識によっては捉えることができない。それに関与している人が、自らアクティヴに「行為に参加すること」によって感じ取られ、体感されるほかはないものである(15)。

木村のこうした分析から、以下のことが言えるのではないか。つまり reality は、私たちの個別の感覚によって認識し確認できるような「現実」であるが、actuality の方は、現在進行中の状況のなかへの「身をもっての参加」によって獲得できるものであり、トピカ（状況感覚）を働かせて、その生命的、実践的な流れを感得する他はない「現実」である。その意味では、reality は定点からの観測が可能な実証科学が扱う問題であり、actuality の方は日常の行為の文脈の中で生まれ、行為との相関で「編み上げられていく現実」を指している。そして、言うまでもなく経験とは、こうした状況的でアクチュアルな「現実」に参加する行為の結果もたらされるものなのである。木村はこう述べている。

「日本語で言う『現実』には、単に意識から独立した事物の存在様態としての『実在』の意味の他に、ある状況に直面している人が真剣に、自らの存否を賭して、言い換えればその人の存在可能性に関わる利害の関心を向けながら対決しなければならない、のっぴきならない局面というような意味も含まれている。この局面だけを取り出して英語でいえば、これはおよそ actuality という言葉に対応するのではないか。このアクチュアルという語には、『現実』の意味の他に、『抜き差しならない当面の現在』というような時間的な意味も強く含まれている。アクチュアルな事態にうまく対処できるか否か、それがその当事者の命運を分ける。(16)」

その意味で、経験が問題になるのは、reality の意味での「実在」ではなく、actuality の意味での「現実」である。経験は「実在」を反映させるのではなく、「現実」を構成していく働きだからである。さらに言えば、reality は、すでに出来上がった、制度化された「現実」(過去形、もしくは完了形)が問題であるのに対して、actuality の方は、現在の差し迫った課題の中で構成され、編み上げられていく「現実」(現在進行形、もしくは未来形)に関わっているのである。

二〇世紀初頭のフッサール(E. Husserl)に始まる現象学の運動、そしてほぼ同時に芸術の世界に巻き起こる表現主義(Expressionismus)の運動は、強固に一元化された「現実」(reality)からの脱出を試み、まさに自らの行為を通して変成していく多義的でダイナミックな「現実」(actuality)を拓く可能性を問うたのである[17]。

こうして、私たちが生きているこの「現実」は、個々の断片的事実の総和ではないことが自覚化されてくる。個々の「事実」の集積ではなく、コード化された現実を乗り越える行為(例えば、絵画芸術)によって、それまで目にしていながら見えなかった「現実」が、新たな相貌のもとに前景に躍り出てくるのである。既成のコードの裂け目に生じた経験は、その人を自ら創造しつつある新しい「現実」に気づかせる。その意味では、**経験とはその生(Leben)に不断にアクチュアリティを取り戻そうとする運動なのだと言うことができるであろう。**この点を強調して、ハイデガーは次のように述べている。

「経験の決定的な本質契機は、経験の中で意識に新しい真なる対象が発現するという点である。ここで肝心なことは、真理性の成立という意味での新しい対象の成立ということなのであって、ある対象が何か向こうにあるものとして認知されるということではない。(中略)経験(das Erfahren)とは、意識が、これが存在する限り、それの概念へ向かって出掛けて行く(ausfahren)行き方である。このように、手をさしのべて、出掛けていくこと（Auslangen）は、現れ出る真理において、真理性の現出に届くのである（erlangen）[18]。」

ハイデガーによれば、経験とは意識に「新しい真なる対象」が発現するということである。それは、それまで向こう側にあった対象に「手を差し伸べること」、「出掛けていくこと」（Ausfahren）を意味する。それは、新たな対象とその意味を引き立て開示することによって、自己の「現実」が編み直されていく運動を示している。それゆえに、経験とは、新しい意味が生起する（entstehen）母胎であると言えるのだ。

3　homo patiens

経験がその人のそれまで生きてきた「現実」を揺り動かし、そこにきしみや亀裂をもたらすものであるならば、その経験はつねに何らかの苦痛を伴わざるを得ないはずである。新たな出会いや関わり合いが、その人に反省（Reflexion）を強いるものだからである。

経験そのものが有するこうした投企性と受苦（パトス）的性格を指摘したのは、ボルノーである。彼によれば、ドイツ語で経験を表すErfahrungの語源はfahrenであり、それはもともと歩いたり車に乗ったりして「行く」ことを意味していた[19]。“ein fahrender Schüler” と言えば、旅する学生、すなわち遍歴学生を表す。このことから、erfahren には、旅の途上で被った事柄から身をもって何かを知ること、つまり「身にこたえる」、「身に染みて分かる」という意味が加わる。したがって erfahren には、ただ単に「知ること」「情報を得ること」だけには尽きない、受苦的な身体感覚を伴った知覚野の変貌がつねに付きまとっている。ボルノーは次のように述べている。

「ドイツ語の Erfahrung という言葉は、人が何か予期しない新しいものに出会って、彼のそれまでの世界観を修正するように迫られるときにのみ用いられる。ここで強調されている意味での Erfahrung は、これまでの習慣をかき乱すように侵入してくる何か不快なものであって、またそれによってこそ新たな発展を促進させるものである。[20]」

ガダマーも、全く同様の趣旨のことを述べている。[21] それゆえに、人は経験をするためには、既成の「現実」が異化されるような行為に参加しなければならない。コード化された「現実」のマージナルな領域にその身を晒すときにこそ、経験が誕生するからである。「経験を得ることは苦痛に満ちた危険なもの[22]」と言われるゆえんである。

ところで、経験の投企性と受苦的性格を指摘したのは、むろんボルノーばかりではない。一九八〇年代から「臨床の知」の回復を提唱してきた中村雄二郎も、ほぼ同様の趣旨のことを主張している。彼は経験の受苦的、パトス的性格を強調し、これによって人間の「主体性」そのものも解体せざるを得ないことを指摘して、次のように述べている。

「経験が経験になるということは、現実との関わりが深まるということである。ところがここで、現実とのかかわりが深まるにつれて、われわれ一人ひとりの主体は、単純明快なものから重層的で錯綜したもの、関係性の網のなかに分散したものになっていった。そしてその極みには、主体の完全な拡散ということが現れる。(23)」

ここでは、現実との関わりの深まりという事態と主体の関係性への分散もしくは完全な拡散という事態との同時進行が指摘されている。これは、これまで筆者が述べてきた一元的「現実」からの離脱と多義的で流動的な「現実」の開示ということを、「主体の拡散」という視点から説明していることがわかるであろう。「主体の完全な拡散」とは、「多義的な現実の開示」と同義なのである。主体と現実が別々にあるわけでない。受苦的な経験の生み出したものが主体の拡散であり、同時に流動的な現実の開示なのである。

4　「現実」の動的な編み直し

すでに述べたように、人間が身をもってする経験とその意味付与の運動は、制度化された「現実」を越えて人間の「生きられた現実」が生成する基礎的事態であり、この制度化と脱制度化の循環運動をドゥルーズ（G. Deleuze）的に言えば、「経験の差異化作用」と言うこともできる。既定の「現実」からはみ出た境界や異界に身を晒すことによって、それまでの「現実」の網目にほころびが生じ、流動化しはじめる。その流動化の過程で新たなパースペクティヴの網目が形づくられていく。そう考えるならば、**人間が生きる「現実」（actuality）とは、経験の意味の凝固化（制度化）と流動化（脱制度化）の絶えざる循環運動の過程そのものの中にしかあり得ない**ことがわかるであろう。

人間にとって成熟とは、その人の意味のパースペクティヴがつねに新たに更新されていく過程であると考えるならば、新たな経験に身を晒すことによって、そうした成熟が可能になると考えられる。逆に、現実を構成する網目が凝固して、特定の解釈の網が私たちの経験に癒着してしまうとき、経験は封鎖されパターン化されて、閉じられた「現実」の中だけを堂々巡りする。あらゆるものが、自明な「日常性」の中に回収されてしまう事態に陥る。人間学的方法によって「経験」の意味を考察してきたディークマン（M. Dieckmann）は、以下のように述べている。

「その身に起こったものであれば、自己の経験は多くのことを教えてくれる。それは、『情報の処理』ばかりでなく、それまでの経験の地平（Horizont）では期待できなかった何か新しいもの、新しい経験の可能性、つまり学習者にとって統合された、つねに広がる地平性もしくは開放性

（Offenheit）を教えてくれるのである。[24]」

日常的な地平のもとで中心化された「現実」が均衡を失い、新たに可能な「現実」が開示される運動に身を委ねること、そこにこそ経験が介在する余地が生まれる。自明性という手垢の付いた言葉では凝縮しえない流動的な経験の地平に身を晒すこと。そのようにして、他者、自然、事物と関わり合うこと。そこにこそ新たな関係性が生まれる。新たな関係性の中で個々の対象をつかみ直し、意味づけ直すこと。こうした経験の運動こそが、「生きられた現実」を獲得し、真に「アクチュアルな生」をもたらすものと考えられるのである。

しかし、すでに述べたように、今日の情報・消費社会は、そうした「生きられた現実」の獲得に必要な「関わり合い」の場そのものを青少年から奪い去り、「制度化された現実」の中に彼らの経験をすっぽりと流し込もうとしている。[25]冒頭でも述べたように、生活科や「総合的な学習」の時間の導入という学校の内部的努力が、青少年の「生きられた現実」の回復に資するか否かについては、悲観的にならざるを得ない。しかし、以上の考察の結果から、少なくとも以下のことは言えるはずである。すなわち、そこでの経験が教室という一元的に秩序化された空間に風穴を明け、青少年のまなざしからする多様な「現実」が教室に開示されるか否かということが、決定的に重要なポイントになるということである。[26]

註

（1）藤田省三『全体主義の時代経験』みすず書房、一九九五年、七五頁。
（2）今井康雄『ヴァルター・ベンヤミンの教育思想――メディアのなかの教育』世織書房、一九九八年、一四五‐一四六頁。
（3）精神病理学者の野田正彰は、写真投影法という独特の調査方法により、大都市とその周辺に住む青少年の経験が一様にパターン化しつつある現実を浮かび上がらせている。『漂白される子供たち――その眼に映った都市へ』情報センター出版局、一九八八年。
（4）B. Dieckmann: *Der Erfahrungsbegriff in der Pädagogik*. Weinheim, 1994, S. 12.
（5）アリストテレス（出隆訳）『形而上学』（全集第一二巻）岩波書店、一九六八年、四頁。
（6）A・ゲーレン（亀井裕・滝浦静雄他訳）『人間学の探求』紀伊国屋書店、一九七〇年、一〇七頁。
（7）A・ゲーレン、前掲書、一一二頁。
（8）A・ゲーレン、前掲書、一〇九頁。
（9）鷲田清一『現象学の視線――分散する理性』講談社、一九九七年、九四頁。
（10）言語学者の丸山圭三郎は、生命体としての自己保存を優に越えた人間の過剰で根源的な生命衝動を「欲動」と名づけ、その存在に、言語や制度によって意識化され、取り込まれた「欲望」を乗り越える端緒を見ている。丸山圭三郎『欲動』弘文堂、一九八七年。
（11）A・ゲーレン、前掲書、一五二頁。
（12）村瀬学『子ども体験』大和書房、一九八七年、一一〇頁。
（13）村瀬学、前掲書、一一一頁。
（14）教室における見えざる同質化の論理が「いじめ」を生み出す構造については、菅野盾樹の以下の文献に詳しい。『増補版、いじめ――学級の人間学』新曜社、一九九七年。

（15）木村敏「リアリティとアクチュアリティ」中村雄二郎・木村敏監修『講座：生命』第二巻、所収、一九九七年、七七頁。木村敏『心の病理を考える』岩波書店、一九九五年、二九頁。

（16）木村敏、前掲書、九三頁。

（17）現象学と表現主義に深く通底する、新しい「現実」把握の運動という側面を明らかにしたものとして、フェルマン（F. Fellmann）の以下の文献を挙げることができる。*Phänomenologie und Expressionismus.* Freiburg / München, 1982. 木田元訳『現象学と表現主義』講談社、一九九四年。*Gelebte Philosophie in Deutschland, Denkformen der Lebenswelt, Phänomenologie und der kritiscen Theorie.* Freiburg / München, 1983. 堀栄造訳『生きられる哲学』法政大学出版局、一九九七年。

（18）M・ハイデガー（細谷貞雄訳）「ヘーゲルの『経験』概念」『ハイデッガー選集』第二巻、所収、理想社、一九八九年、一六七頁。強調個所は引用者のもの。

（19）O・F・ボルノー（浜田正秀訳）『人間学的に見た教育学』玉川大学出版部、一九六九年、一六五頁。

（20）O・F・ボルノー、前掲書、一五六―一五七頁。強調箇所は引用者のもの。

（21）ガダマーは次のように述べている。「経験が主として苦痛に満ちた、不愉快なものであることは、何か特別の悲観主義を意味するのではなく、その本質から直接に理解できる。否定的な裁きを経てのみ、人は新しい経験に達するからである。」H. G. Gadamer: *Wahrheit und Methode. Grundzüge einer philosophischen Hermeneutik.* Tübingen, 1960, S. 338.

（22）O・F・ボルノー、前掲書、一七七頁。

（23）中村雄二郎『臨床の知とは何か』岩波書店、一九九二年、六五頁。強調箇所は引用者のもの。

（24）B. Dieckmann: *Erfahrung und Lernen.* in: Ch. Wulf: *Einführung in die pädagogische Anthropologie.*

Weinheim / Basel, 1994, S. 104.

（25）その意味では、青少年の内部で流動化したり、内向化したりして、既成の言語によっていまだ定型化されないイメージ（暗黙知）の存在が重要になる。情報化され、流通する知の氾濫の中で、青少年が個別の身体化された経験の実存性をいかに掬い取り、それを自分のコトバで表出できるか否かということが、重要な教育課題となる。この点については、芹沢俊介の以下の文献が参考になる。『子どもたちはなぜ暴力に走るのか』岩波書店、一九九八年。

（26）homo patiens の人間観に基礎づけられながら、「総合学習」の密度の濃い展開の必要性を強調した論文として、以下のものがある。辻誠「現代の我が国の教育と活動主義的人間観」『新潟大学教育学部紀要』第三八巻、第二号、一九九七年、二四九-二五八頁。

第七章　子どもが生きられる空間

子どもの教育といえば、私たちはすぐに学校のことを思い浮かべる。二〇〇四年六月に、長崎県佐世保市で一一歳の女児が同級生を刺殺する事件が起きたとき、学校は一体何をしていたのか、という非難めいた声がささやかれた。「生命尊重の教育」がしっかりと行われていなかったのではないか、との声も聞かれた。逆に、その矛先が加害者の親に向かう場合もある。いずれにしても、何か子どもの問題行動が発生すると、日本では必ずといってよいほど、教師や親の教育責任の追及に関心が集中しがちである。

近代社会では、子どもの教育責任は第一義的には親とその代理者である教師にあるから、それはやむを得ないにしても、子どもの問題行動の原因をすべて親や教師の教育行為の不十分さに帰着させて考えてしまうならば、問題があまりにも単純化され過ぎると言わざるをえない。そこでは、子どもが生きる社会的、文化的環境への洞察が全く欠落しているからである。子どもの発育過程においては、教師や親の意図的な「教育」が行われる以前に、社会的、文化的構造による見えざる「人間形成力」（Menschenbildungskraft）が子どもの意識に影響を与え、その深層部分にまで深く介入していることに私たちは気づく必要がある。とりわけ、一九七〇年代以降の日本の都市化、情報化、消費生活化の進行は、子どもの生きる世界に重大な変化をもたらした。一言でいえば、それは、子どもの生活世界の制度化と閉塞化の同時進行である。それは、子どもが行動する空間が狭まったという物理的な意味ばかりでなく、多種多様な「経験世界の喪失」という人間学的問題をも含んでいる。そこで、本章ではとりわけ後者の問題に焦点を当てながら、「子どもが生きられる空間」を再生させていく可能性について検討していきたい。

一　機能化された都市空間

1　人間学的空間

「都市化の中の子どもたち」の問題を、同じ地域の航空写真を一〇年単位で比較するように、物理的空間の変容の問題として考察することも、むろん可能である。二〇年前には原っぱや雑木林で子どもの遊び場だったところに、今は高層マンションが林立するという空間配置の変容から都市化問題を考えることも重要な観点である。しかし、本章では子どもの〈まなざし〉に映る風景としての都市空間を、人間学的に解読したいと考えている。それはどういうことか。

ある日の夕方、学習塾の帰りに通い慣れた地元の駅前商店街を通り、自宅に向かう道を歩いている子どもは、四角い箱の中にポッンと置かれた物体のように自分を意識しているわけではない。子どもは、容器の中の角砂糖と同じではないからだ。見慣れたコンビニの建物や看板、道を行き交う人々の顔、街路樹の一本一本さえもが、自分と慣れ親しんだ世界を構成する要素となる。ときに道草を食う路地裏ですらも、子どもはその風景の中に違和感なく溶け込むことができる。それは、初めて降り立った駅で、地図だけを頼りに訪問先を探すときの緊張感とはまるで異なった風景である。子どもは空間の中にポッンと「在る」のではなく、空間を体感し、体験して、そこに「住み込んでいる」からである。現象学の方法を駆使して、メルロ＝ポンティは、こう書いている。

「われわれの身体が空間のなかにあるとか、時間のなかにあるとかと、表現してはならない。**われわれの身体は、空間や時間に住み込むのである。**(1)」

人の行為や身体感覚を媒体として、このように知覚される空間を、ボルノーの名づけに従って「体験する空間」、「人間学的空間」と呼ぶことができる。(2) 逆に、タテ、ヨコ、高さからなる三次元の空間は、「自然的空間」もしくは「物理的空間」と呼べるだろう。(3) これは人の〈まなざし〉がどこにも当たらない空間であり、その意味では抽象化された空間であり、フィクションとして構築された等質空間であると考えることもできる。(4) それでは、子どもの〈まなざし〉から見てみると、子どもは空間をどのように体験しているのだろうか。

佐野真一の近著『宮本常一の写真に読む失われた昭和』(5)を読むと、高度経済成長期以前の日本の子どもたちは、地域共同体の重層的なネットワークの中で育まれ、幾重もの人間関係をくぐり抜けることで、「一人前の村人」にまで成長していったという事実が、数多くの写真で示されている。一九六〇年代以前の日本では、家庭でも学校でもなく、まさに地域共同体こそが、子育ての中心的な舞台であった。子どもは成長していくに従って、遊び仲間、子ども組、若者組、娘宿と地域における多種多様な人間形成の空間を渡り歩く。先輩や仲間の支えによって、期待される役割を次々とこなしていくことで、ごく自然に「一人前の村人」にまで成長していくことができた。そこには、農村共同体の長い歴史が生み出した、未熟な子どもを「一人前の村人」にまで仕立て上げる人間形成空間ができ上がっていたと考えることができる。(6)

2　地域に固有な顔の消滅

子どもを地域社会の構成員全員の手によって育て上げるという人間形成システムは、実に重要な示唆を含んでいる。冒頭でも触れたように、現代では子どもの教育といえば、学校と家庭だけにその責任があるかのように考えられがちである。それは、高度経済成長と急速な都市化が進行する一方で、地域共同体が崩壊の一途をたどり、かつては機能していた地域の人間形成空間がすっかり解体してしまった結果を如実に物語っている。

日本の地域社会は、この四〇年間に歴史的ともいえる変貌を経験してきた。村の人々が歩き慣らすことで自然にできた田圃のあぜ道や農道、森の小径などはすっかり消滅し、車の往来に便利なアスファルトが敷かれるようになる。ボルノーも言うように、都市化の進行とともに、地域の「小径（Weg）は、道路（Strasse）に変わった」のである。(7)

しかし、それは、ただ単に踏み慣らされた自然の道が、人工的な道路に変わることだけを意味しているのではない。重要なことは、「小径」が「道路」に変わることによって、どんな地域の農道さえもが、全国を縦横にめぐる道路交通網の一部に組み込まれてしまったことである。これによって、「道」の持つ意味とその風景さえもが大きく様変わりした。地域住民の生活に密着し、地域の子どもの遊び場ですらあった「小径」は、地域との一体感を失い、グローバルな交通網の一部となったのである。

ボルノーは、こうした「道路」の出現による地域の風景の均質化を指摘している。「道路網は、ますます増大していく自律性を獲得し、家屋という自然的中心のまわりに分節化されている空間とは別の独自の空間を作り出した」。これによって「道路による地域の均質化」が引き起こされる。(8)大道路網が整備されていく過程で、地域そのものも「特別の地位と個性を喪失する」ようになる。大人と子どもが共に働き、遊び、集い、住まう共同体としての地域はますます解体の一途をたどり、地域は、単に人が点在し、忙しく移動するだけの空間に様変わりした。それが、地域の均質化をもたらした原因である。

ボルノーのいう「地域の均質化」は、具体的には地域の「郊外化」として姿を現す。それまでは、田圃のあぜ道や農道であった道はすっかり舗装されて、市道や県道に変わる。その両側には、広い駐車場を保有するスーパーマーケット、コンビニ、ファストフード店、ガソリンスタンド、レンタルビデオ店などが立ち並ぶ。「小径」が「道路」に変わったこと。それは、それまでは多様な顔をもち愛称や固有名で呼ばれていた小径が、自動車の走行のための単なる路線に変わったことを意味する。小径に固有の顔の喪失は、地域の顔の喪失であり、それは、当然、大人の共同生活を分断するばかりでなく、子どもの生活世界の孤立化を招く要因の一つとなった。(9)

2　子どもが経験する空間

ここで、子どもの空間体験の特質を考えてみたい。かつて村瀬学は、子どもと大人の差異を、その「世界体験」（〈まなざし〉）の質の差異として説明し、大人は秩序立った共同性を優位において世界を体験するのに対して、いまだ制度化されていない子どもは、混沌とした自然性（生命性）を中心に世界を体験するという対比図を提示した。(10)図3の楕円形は大人と子どもの世界体験の全体を表し、◎は体験における混沌とした部分（自然性）を、#は、秩序化され制度化された体験（共同性）部分を示している。

まだ社会化されず、制度化されていない子どもの世界体験は、基本的に生命系（自然性）の自己運動の中にある。子どもは、主客未分の混沌状態を含む生命の自己運動において、自然、他者、事

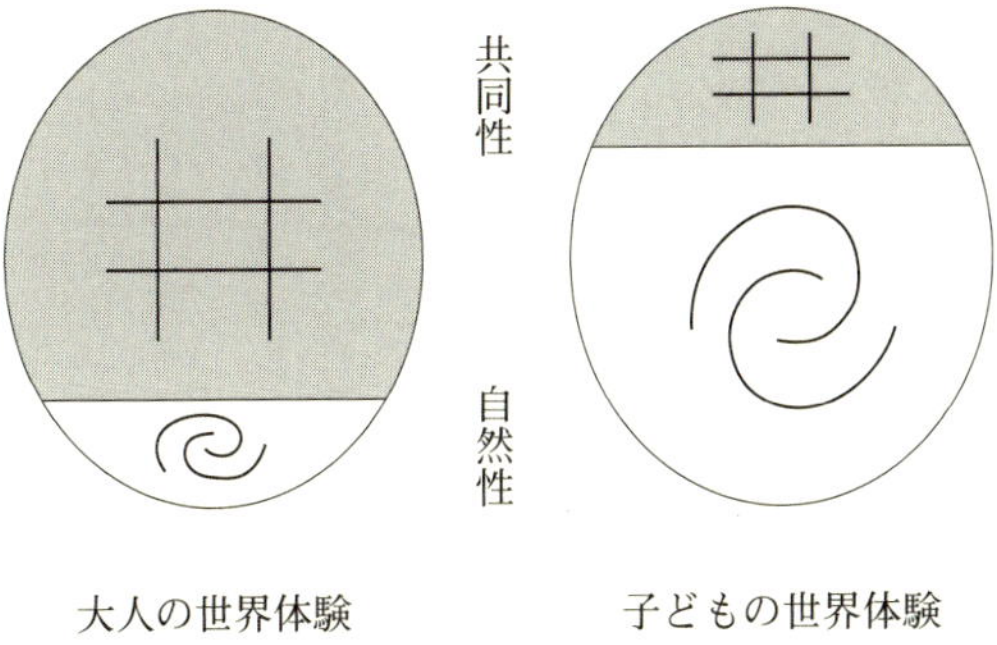

図3

物とかかわる。こうしたカオスを含む自己運動のもとに自然を体験し、他者を体験することの重要な特徴の一つは、その体験が秩序づけられた文化や制度に吸収されることなく、むしろその硬直化した秩序を突破する可能性を含む点にある。つねに運動、生成の途上にある生命系が、硬直化した制度や秩序を揺るがすのである。大人から見て、子どもが「他者」や「異文化」として立ち現れるのは、子どもの自己運動の根源に潜む生命エネルギーの横溢するカオスに由来すると考えられる。

　混沌とした生命系そのものである子どもが「体験する空間」（erlebte Raum）は、決して一義的に整序されたものではない。箱崎総一も指摘するように、四面の壁が白で塗り尽くされた病院の個室のような部屋は、清潔であるどころか、子どもにとっては不安と苛立ちを呼び起こす場所である。[11] そこには混沌、無秩序、リズム、運動、一言でいえば子どもの身体が「住み込む」（メルロ＝ポンティ）場所がないからである。

子どもが「体験する空間」は、道具箱やおもちゃが無秩序に散在する部屋であり、仲間と悪だくみをする秘密のアジトであり、大人の〈教育的まなざし〉をすり抜ける隠れ家（アジール）である。そこには、自分たちだけのトポスがある。自分たちが自在に手を加える可能性に満ち満ちた原野が限りなく広がっている。それは混沌、カオス、偶然性、即興性など、何が起こるか分からない期待とスリルとが複雑に入り混じった空間である。

それは、例えば下町の細く入り組んだ路地裏であり、祭りの日に神社の参道に軒を並べる屋台のすき間であり、樹木がうっそうと茂った薄暗い神社の境内である。そこは、何かの練習や準備のための場所ではない。冒険心がくすぐられ、胸をドキドキさせながら探検する空間である。その瞬間瞬間を存分に生きられる場所である。子どもという生命系は、こうした場所で、様々な他者、異世界と出会い、不可思議な体験をくぐり抜けることで、生命の自己運動を活発化させる。「生きられる時間」と同様に「生きられる空間」（le space vécu）があるとするならば、それは、今述べたような空間の中に出現するはずである。ミンコフスキー（E. Minkowski, 1885–1972）は、こう述べている。

「ここでいう生きられる空間とは、時間を自己の流儀で型にはめながら、これを解剖し、不動化するような真似はせず、反対に、時間のうちに含まれ、それによって最高度に生気づけられ、そのうちにある動的でダイナミックなものすべてによって充足されるところの空間である[12]」。

子どもが「大人になる」ということは、こうした生命系の自己運動が、制度や共同性にすっかり取り込まれることを意味してはいない。たしかに青年期になれば制度化、共同性は無言のうちに要求されるが、しかし、それでも混沌とした流動に身を委ねる生命系は生き続けるし、大人になってもその運動は決して絶えることがない。

そう考えるならば、子どもが「生きられる空間」とは、「小径」が「道路」に変わり、トポスの顔が喪失するような均質空間ではないことは明らかである。そこでは、機能性、便利、ムダの排除という制度化のシステムだけが支配して、子どもが「生きられる空間」、つまり生命系としての子どもへの配慮（care）が全く見られないからである。

子どもという存在は、生命系としての人間の原初的形態だといっても過言ではない。ヴァイツゼッカーの言う原初生命系としての人間[13]、それが子どもであるとするならば、子どもが「生きられる都市空間」では、路地裏、迷路、隠れ家、避難所などの起伏に富み、生命の自己運動が活発に行われるトポスを沢山含み込むことが必要である。しかも、すでに述べたように、生命系の自己運動は、自然、他者、事物との活発な相互交渉の中で行われるものであるとするならば、そこでは、多種多様な「他者」と多様な「物語」が混在し、応答性に富んだ場所であることも必要である。

ここで誤解を避けるために蛇足を加えるが、私は、ディズニーランドのように、子どもが楽しめる「非日常的な消費空間」を演出すべきだということを言っているわけではない。子どもが、一時的、刹那的に楽しめる非日常的空間ではなくて、かつての小径（Weg）のように「さすらい歩く」ことのできる場所、そこで自然、様々な他者、事物と出会い、経験できる場所を、日常性のど真ん中に構築すべきだと言いたいのである。

3　子どもが生きられる空間

これまで筆者は、子どもの教育の問題を、〈教師－生徒〉関係、〈親－子〉関係という狭いタテ関係だけでなく、〈子ども－子ども〉、〈大人－子ども〉、〈子ども－異世界〉という三様の関係を内に含むタテ、ヨコ、ナナメの関係をしっかりと視野に入れて構想すべきことを主張してきた(14)。それが子どもの「自己形成空間」（Selbstbildungsraum）の構築という問題である(15)。子どもの自己形成空間とは、子どもが多種多様な「他者」との関わり合いを通して織り上げることのできる、象徴的な意味空間のことである。子どもは、いくつもの意味空間を「さすらい歩く」経験を通して、様々な「他者」と対話のできる大人に成長していくと考えるからである。ところが、従来の〈教師－生徒〉、〈親－子〉関係中心の教育論では、こうした巨視的な「自己形成空間」への視点が全く欠落していたのである。

再び「歩くこと」の例で語るならば、この空間はボルノーのいう「小径をさすらい歩く」（Wandern）ことのできる空間であり、ベンヤミンの回想する「都市という迷宮（Labyrinth）に迷い込む経験」に似ている。[16]「さすらい歩く」者、「迷宮に迷い込む」者は、目標地点に素早く到達するために歩くのではない。「さすらい歩く者は、……さすらいのためにさすらい歩くのである。さすらい歩くことは自己目的なのである」[17]。

まさにワンダー・フォーゲル運動がそうであったように、「さすらい歩く」上では、大自然を跋扈するばかりでなく、見知らぬ土地で出会う「他者」の存在がきわめて重要である。いまでも残るドイツの遍歴職人の伝統は、見知らぬ土地で腕のいいマイスターと出会い、寝食を共にすることで技能を磨き、新しい地平が開かれてくることが期待されている。異世界、他者、関わり合い、そして自己変容と自己変成ということが、「ドイツ的教養」(deutsche Bildung)の伝統に通底する考え方である。それは、最短距離を走って目的地に到達することだけを目的とする近代的な時間、空間の概念には決して回収されることのない人間形成論の奥深さを教えてくれる。

そこでは、体験する空間、他者との出会いばかりでなく、その場所で生じる受苦的な「経験」(Erfahrung)の意味の解読が不可欠となるが、残念ながら指定された紙数が尽きてしまった。この問題に関しては、本書の他の章で詳しく述べられている。

註

(1) メルロ＝ポンティ(竹内芳郎・小木貞孝訳)『知覚の現象学 I』みすず書房、一九八五年、二三五頁。太字部分は、訳書では、強調傍点が付されている。
（2）O・F・ボルノー（大塚恵一他訳）『人間と空間』せりか書房、一九八八年、二〇頁。
（3）C・ノルベルグ＝シュルツ（加藤邦男訳）『実存・空間・建築』鹿島出版会、一九九二年、二〇頁。
（4）原広司「空間の基礎概念と〈記号場〉」、見田宗介他編『時間と空間の社会学』岩波講座、現代社会学・第六巻所収、一九九六年、三〇頁。原広司『空間〈機能から様相へ〉』岩波書店、一九八七年。
（5）佐野真一著『宮本常一の写真に読む失われた昭和』平凡社、二〇〇四年、三八頁。
（6）日本の産業別就業人口比率において、第一次産業（農林漁業）は、一九五〇年までは五〇％を越えていた（『数字で見る日本の百年』（財）矢野恒太記念会、二〇〇一年、八一頁）。つまり、戦後の高度経済成長に突入する時期までは、学校による近代的（意図的な）「教育システム」と農村共同体の前近代的（無意図的）「人間形成システム」とが共存、ないしは拮抗しており、子どもは複数の人間形成システムの中を行き来して大人になっていったのである。こうした点の重要な人間学的意味について、筆者は次の著書で詳細に論じた。高橋勝・下山田裕彦編著『子どもの〈暮らし〉の社会史』川島書店、一九九五年。
（7）O・F・ボルノー、前掲書、九五頁。
（8）O・F・ボルノー、前掲書、九七頁。
（9）小田光雄『〈郊外〉の誕生と死』青弓社、一九九八年、二三五頁。
（10）村瀬学『子ども体験』大和書房、一九八七年、二二頁。
（11）箱崎総一『空間と情緒』鹿島出版会、一九九〇年、六二頁。
（12）E・ミンコフスキー（中江育生・清水誠訳）『生きられる時間 I』みすず書房、一九七三年、一〇四頁。
（13）V・フォン・ヴァイツゼッカー（木村敏訳）『生命と主体』人文書院、一九九六年、三五頁。
（14）高橋勝・広瀬俊雄編著『教育関係論の現在――〈関係〉から解読する人間形成』川島書店、二〇〇四年。本書、第二章に収録。

(15) 高橋勝『子どもの自己形成空間』川島書店、一九九二年。拙著『文化変容のなかの子ども』東信堂、二〇〇二年。
(16) W・ベンヤミン（浅井健二郎編訳・久保哲司訳）「一九〇〇年頃のベルリンの幼年時代」『ベンヤミン・コレクション――記憶への旅』第三巻所収、筑摩書房、一九九九年、四九二頁。
(17) O・F・ボルノー、前掲書、一〇六頁。

終　章　子どもの自己形成空間

これまで、人間形成の場といえば、ほとんど学校が考えられてきた。学力をどのように保障するのか。社会性をどのように育むのか。学校の知育機能と社会化機能をフルに活用して、子どもの知的能力や社会性を育むことが、人間形成の中心課題であるかのように考えられてきた。たしかにこうした学校中心の考え方がすべて誤りであると言うことはできない。

とりわけ、一九六〇年代から七〇年代にかけての日本の高度経済成長期において、子どもの学力養成と社会化機能において、学校の果たした役割はきわめて大きい。日本の学校教育は戦後の急速な復興と経済発展、つまり近代化を成し遂げていくための強力な牽引役《けんいんやく》を担ってきたからである。子どもの教育を通して社会進歩を強力に支え、社会の民主化と経済発展に貢献する学校、それは世界の注目するところとなった。

しかし一九八〇年代に入ると、日本の学校はそれまで見られなかった新しい問題に直面するようになった。いじめ、不登校、校内暴力、学級崩壊など、それ以前には見られなかったさまざまな学校の病理が次々と噴出してくる。それまでは子どもに希望を与え、社会進歩を担っていたはずの学校が、ある時期から子どもにとって息苦しい場所に変わりはじめる。

これはひとえに学校の内部の問題であるかのように考えられがちであるが、実は決してそうではない。それは、一九七〇年代半ばから日本の家族や地域社会の実態が大きく変貌してきたことと深い関係がある。高度経済成長とその帰結としての高度情報社会や郊外化された消費社会の出現が、それまでは暗黙のうちに機能していた日本の家庭と地域社会の日常的な社会化機能を著しく低下させてくる。子どもたちは家庭や地域社会から離脱して浮遊しはじめ、メディア、情報、消費というグローバル化された迷宮（Labyrinth）をさ迷うようになったかに見える。この二〇年間に、子どもの身体はもうすっかりメディアと消費空間の中に溶解してしまったかのようである。

高度経済成長期を終えて、いわゆるポスト産業社会に入った現在、学校に人間形成のすべてを依存する考え方から脱皮する必要がある。家庭、学校、地域社会一体の教育とは、それぞれの教育機能と役割をしっかりと保持しながら、それぞれの場所を生きる子どもが、自律的で多元的な価値観を身につけることができるような、流動性と関わり合いに満ちた空間を創造していく営みに他ならない。終章では、その具体的な方策を提示していきたい。

一　子どもの自己形成空間

子どもが大人になるとはどのようなことか。まずこの問題から考えてみたい。

これまでは、子どもの内面的自律や社会的自立ということが大人の条件と見なされてきた。親や教師という他者に依存することなく、自分の意志で自分の人生を切り開いてゆけること。一人ひとりの子どもの中に、自己決定と自己責任の力を蓄えることが教育であるかのように理解されてきたように思われる。そこでは、西洋近代の啓蒙主義者たち、ロック、ルソー、カントなどの言説が援用される。

啓蒙主義の考え方によれば、子どもは、家族や地域社会など、あらゆる集団の規制を抜け出た個人と見なされる。個性教育という用語は、他者との関係を切り離して子どもを捉えるときによく使われる言葉である。子どもが大人になるということは、個性をもち、自己を確立して、他者に依存することなく生きてゆける力を身に付けることのように考えられる。はたしてそうなのだろうか。

この考え方は、人類が誕生して以来、連綿と続いてきた前世代の後世代への営み、つまり生命や文化の持続の営みとして続いてきた人間形成の営みを、抽象的な個人の問題に還元してしまう恐れがある。人間形成は、もちろん個人の発達の問題を含むが、それだけではなく、人間という種の持続と文化伝承の問題でもあるからである。

一人前　歴史的に見れば、子どもが「大人になる」ということは、地域共同体の中で衆目の認める仕事をし、同時に他者と共に生きる知恵を獲得していくことであったと考えられる。[1]

かつての農村社会や職人の世界で生きていた「一人前」や「一丁前」という言葉には、二つの要件が含まれている。一つは、農作業や手作業などの技能を十分に身につけているという「働く力」

の有能さであり、もう一つは、身近な他者と「関わり合う力」の有無である。単に優れた技能を有するというだけでは十分ではない。また大人と対等に関わり合えるというだけでも不十分である。「働く力」と「関わり合う力」を共に有することが「一人前」の大人であるための必須の条件であった。このことは、おそらく農林漁業、職人という職種を超えて通底する「一人前」の要件であったと考えられる。

子どもの遊びの中にも、こうした「一人前」を育てるための工夫が仕組まれていた。かくれん坊、おにごっこ、かごめかごめなどの伝承遊びには、その遊びを通して、子どもが活発に身体活動ができるようになると同時に、他者と関わり合い、調整し合う力が自然に身につくような工夫が隠されていた。農耕時代から続く伝承的な子ども文化には、そうした有能性と関わり合いの構造が二重に仕組まれていた。

かねてから筆者が主張してきた「子どもの自己形成空間」とは、子どもたちが遊びや関わり合い、仕事を通して、知らず知らずのうちに大人になるための力が身についていくことのできる空間である(2)。そこでは個性教育というような大人社会から切り離された問いは存在しない。子どもが大人たちから慈しみを受けて教育され、徐々に「一人前」の大人となり、次世代を生み育てることができる力を自然に獲得してゆける仕組みが存在することが大切なのである。人間形成は決して個人だけの微視的な問題ではなく、巨視的に見れば多世代間の相互行為の問題であるからである。

子どもの自己形成空間　子どもの自己形成空間とは、原っぱや雑木林、公園などの子どもが遊ぶ物理的スペースを表しているが、決してそれだけではない。年長者と年少者、多様な階層の子どもが交じり合い、経験を交換しながら関係的に編み上げられていく場所を意味している。それは、物理的な空間であると同時に、社会的、関係的に構築される空間である。

そこで子どもが他者との協調性や他者へのいたわりの感情、自己抑制などを無意識のうちに獲得し、「社会力」（門脇厚司）[1]を身につけていく空間、それが子どもの自己形成空間である。それは以下の三点の特徴をもつ。

第一に、それは子どもが自然、他者、事物と直接に関わり合うことのできる空間である。子どもが原っぱや路地裏、雑木林や竹藪で遊ぶ。竹藪で竹を切り出し、小刀で竹とんぼや水鉄砲を作る。竹を切り出し、細工を重ねる過程で、小刀の操作を誤り、思わず指に怪我をしてしまうこともあるかもしれない。かくれん坊遊びの最中に、鬼役の子どもが三〇を数え終わる前に振り向くなどのルール違反も生じるかもしれない。小さな怪我や小さなトラブルを何度も経験できる場所が、子どもの自己形成空間である。自然や他者を単純な操作の対象として扱えない経験をする場所、そこで自分もトラブルや問題の渦中に巻き込まれる場所、それが子どもの自己形成空間である。自分の都合だけで行動するのでなく、自然、他者、事物との折り合いのつけ方を、身をもって体得できる場所、それが子どもの自己形成空間である。

第二に、そこは五感による直接経験が生まれる場所である。子どもが自然、他者、事物と関わり合う過程で、子どもの自己中心性がチェックされ、修正され、相手を受け入れる心性が自然に育まれる。こうした経験の繰り返しが、子どもの事物操作能力を高めると同時に、対人的な関係調整能力をも自然に鍛えていく。

第三に、鬼ごっこやかくれん坊遊びがそうであるように、そこで子どもは現実を超えた他者（鬼、異世界）と交わり、異世界に放り込まれたり、そこから脱出したりすることを経験する。つまり、この世とあの世との間を行き来する。大人のように、世俗的利益一辺倒ではなく、世界の意味の重層性と広がりを感得できるのである。子どものファンタジーや異世界へのイメージを膨らませてくれる場所、それが子どもの自己形成空間である。

高度経済成長期以前の日本の子どもは、確かに貧しい状況におかれていたことは事実であるが、前記の視点に照らして見直すならば、実に豊かな自己形成空間の中に置かれていたと言うことができるであろう。春には雛祭り、夏には盆踊り、秋には収穫祭りなど、子どもたちを交えて繰り広げられる四季折々の行事の舞台となった地域社会が、まさに子どもの自己形成空間を織りなす舞台でもあったのだ。

しかし、高度経済成長を成し遂げていく過程で都市化が進行し、子どもの遊び場としての原っぱ、空き地、雑木林、廃材置き場などが次第に消失してきた。建築学者の仙田満の実態調査によれば、横浜市の子どもの遊び場は、一九五〇年代から七〇年代までの二〇年間で、約二〇分の一にまで減少したことが明らかにされている(4)。それは子どもの行動範囲が、二〇年間で約二〇分の一に縮小したことを意味する。子どもは外で遊ばなくなったのではない。外遊びをする場所自体が消失したのである。最近の横浜市の調査からも明らかであるが、子どもたちは、むしろ外遊びを切望しているのである。(5) にもかかわらず、その場所が用意されていないところに問題があるのである。

後述するように、日本の地域社会は、いま郊外型の消費空間に大きく変貌しつつある。地域の大人たちや子どもたちが交流できる空間として、地域社会を再生させていく都市計画を設計していくことが強く望まれる。

2　情報・消費社会と子ども

いま、学校だけでなく家庭や地域社会における教育力の回復がしきりに求められている。それは、子どもが遊び、学び、他者と交わる場所、自己形成空間としての家庭や地域社会の機能がますます弱体化しつつある現実があるからである。地域社会から、大人の仕事場だけでなく、子どもの遊び場も消えていった。共同生活の空間としての地域社会から、消費空間としての地域社会への変貌。この問題は、地域社会ばかりでなく、家庭についても当てはまる。

家庭や地域社会は、子どもの教育をする場所というよりも、もともと共同生活を行う場所である。家族や地域住民が共同生活を送る中で、無意識的に子どもを一人前の大人に社会化させていく場所、それがかつての家庭であり、地域社会であった。

しかし、すでに述べたように、高度経済成長を経て郊外型の情報・消費社会が出現してくる過程で、家庭・地域社会の生活共同体としての機能は著しく衰退してきた。一九七〇年代以降、高学歴社会に移行する過程で、親の子どもへの「教育意識」はますます高まってくる。高学歴化した親、教育熱心な親が増えていく過程で、なぜ家庭の教育機能の低下が問題になるのか。それは、家族が無意識的に保持していた共同生活の諸機能が、産業化の過程で次々と外部に放出され、生活共同体としての家庭の機能が著しく低下していくからである。

家庭の教育機能の低下　この二〇年間に、子どもの誕生、子育て、労働、医療、警備、高齢者介護、そして死にいたるライフサイクルに関わる問題のほとんどの部分が、家族の営みの外に置かれるようになった。例えば、子どもの出産は、すでに産婦人科病院の仕事である。乳児や幼児の健康管理と育児も保健所や保育園の力を借りなければならない。家族の誰かが怪我をしたり病気になれば、病院に駆け込むほかはない。自宅では十分な治療ができないからだ。自営業もあるが、家庭内で仕事をすることは、非常に少なくなった。高齢者の介護も家族だけで行うことは難しい。介護福祉士や福祉施設に委託せざるを得ない場合も多い。家族の誰かが亡くなれば、葬式も斎場で行うのが一般化してきた。

このように、かつては家庭内で処理されていたほとんどの営みが、外注化された。家族の食事をコンビニ弁当やファミリーレストランで済ますことも、すでに日常化している。こうして、家族に残された最低限の営みは、仕事や勉強で疲れた心身を癒す機能と生殖機能だけになりつつある。極言すれば、家庭は夕方にキーをもらって入り、翌朝そこを出て行くビジネスホテルの一室に等しいものとなった。かつて小此木啓吾が、いみじくも名づけたような「ホテル家族」(6)という言い方が、何らの違和感もなく受け入れられる時代となった。このように貧弱化した生活空間で、子どもに大人の文化や生活の知恵を伝えることができるのであろうか。

家庭の教育機能の低下の問題は、親の高学歴や教育意識の高さといった問題とは全く別次元のところで生じているのである。一言でいえば、生活共同体としての家庭の機能の衰退が大きな要因である。育児、教育、医療、情報、福祉、警備などの諸機能が家族から分化して、それぞれが社会的なシステムとして独自の歩みをはじめたのだ。私たちの生活は、そのシステムに依存しなければ最低の生活すらできなくなった。何事につけ便利ではあるが、家庭内で処理できる問題が極限にまで縮減した社会、それが都市社会である。現在の子どもは、こうした成育環境のなかに置かれてしまっている現状を、しっかりと認識しておく必要がある。

情報・消費社会の成立　さらに一九九〇年代から顕著になった情報・消費社会の出現は、家庭の教育機能の低下に追い討ちをかける結果となった。

二〇〇四年一二月七日に発表された国際教育到達度評価学会（IEA）の調査結果によれば、日本の小学四年生、中学二年生の一日のテレビ、ビデオ視聴時間の平均は、それぞれ二・〇時間と二・七時間で、驚くなかれ四一カ国中最長である。逆に、自宅学習の時間は、小学四年生が〇・九時間、中学二年生が一時間で、四一カ国中最低であることも明らかになった。また「希望の職に就くために数学で良い成績を取る」と思う中学二年生は、シンガポールや香港が七〇パーセント台だったのに対して、日本は四七パーセントに過ぎず、将来に生かすために学習をするという意識がきわめて低いことも明らかになった。

一九八〇年代にテレビばかりでなくビデオも各家庭に普及して、日本の子どもたちは、すっかりAV機器の世界に取り込まれていった。さらに一九八三年には、任天堂のファミリーコンピュータが発売され、テレビは子どもの個室に侵入する。子どもたちはテレビ漬けに近い状態となった。これに追い討ちをかけたのが、一九九五年頃からの携帯電話、PHSなどのモバイル機器の浸透である。現在では、パソコンによるインターネット、チャットなど、ITメディアを抜きにして子どもの生活を考えることはできない。

高度情報社会は、家族という生活共同体の一員としての子どもの意識をますます弱めるばかりでなく、子どもの「生活者感覚」をその根底からそぎ落としていく。こうして、現在の子どもは、大人たちから見て「新人類」をはるかに超えた不可思議な存在として立ち現れるようになった。自己チュー児、異星人、電脳世代、オタク世代など、家族を通り越してメディアの世界を遊泳するに至った子どもの姿を表す言葉には、枚挙にいとまがないほどである。一九九〇年代以降の子どもは、もはや家庭や地域社会の子どもではない。まさに「メディアの子ども」として育ってきたと言っても過言ではない(7)。

自己決定主義　現代の子どもたちは、家庭、学校、地域社会のいずれに対しても、一定の距離をおいて暮らしているように見える。彼らの個室にはテレビ、ゲーム、パソコンが置かれ、親の生活感覚を超えた膨大な情報に囲まれて日常生活を送る。そこでは生活者としての親の感覚や規範意識は、子どもには伝わりにくい。逆に、同世代の感覚と最新のメディア情報が彼らを動かす羅針盤となる。このことは国際的に見ても、日本の小中学生に著しい傾向である。

日本、中国、韓国の中学生を対象に、日本青少年研究所（千石保所長）が行った国際比較調査（一九九八年）では、以下のような興味深い結果が出されている。（　）内の数値は、「その人の自由でよい」と答えた中学生の割合である。(8)

①家出をする（日本七三・三％、中国二二・六％、韓国四五・四％）
②かけごとをする（日本五七・八％、中国八・〇％、韓国四三・〇％）
③アダルトビデオや雑誌を見る（日本七五・六％、中国六・五％、韓国四八・一％）
④酒を飲む（日本五〇・六％、中国三〇・三％、韓国五二・九％）
⑤タバコを吸う（日本三七・六％、中国一七・二％、韓国三八・五％）

この結果を見ると、「家出をする」、「かけごとをする」、「アダルトビデオや雑誌を見る」、「酒を飲む」に関して日本の中学生の半数以上が「その人の自由でよい」と考えていることがわかる。「タバコを吸う」か、吸わないかも「その人の自由でよい」と考える日本の高校生が四割近くもいることに驚かされる。

同じく一九九七年に日本青少年研究所が行った国際比較調査「ポケベル等通信媒体調査」（日本、アメリカ、中国の高校生が対象）でも、ほぼ同様の結果が出ている。以下の項目で「本人の自由でよい」と答えたパーセンテージは、次の通りである。

①親に反抗すること（日本八四・七％、アメリカ一六・一％、中国一四・七％）
②先生に反抗すること（日本七九・〇％、アメリカ一五・八％、中国一八・八％）
③学校をずる休みすること（日本六五・二％、アメリカ二一・五％、中国九・五％）
④授業中の相手にポケベルでメッセージを送ること（日本六四・三％、アメリカ五一・〇％、中国一一・六％）
⑤売春など性を売り物にすること（日本二五・三％、アメリカ〇％、中国二・五％）

この結果を見ると、八割もの日本の高校生が、親や学校の教師に反抗することは、「本人の自由でよい」と考えていることがわかる。アメリカと中国の高校生の回答が、いずれも一〇パーセント台であることから見ても、この数値は異常な高さを示している。また「学校をずる休みすること」、「授業中の相手にポケベルでメッセージを送ること」、「売春など性を売り物にすること」のいずれにおいても、日本の高校生の規範意識の低さは注目に値する。この結果を見ると、「自由の国」と言われているアメリカの高校生に比べても、日本の高校生の家庭、地域、学校の規範から切り離された自己決定感覚は、際立っている。

3 自己決定主義の陥穽

前記の調査を行った日本青少年研究所の千石保は、日本の子どもの中に「自己決定主義」とでもいうべき感覚が広がりつつあることを指摘している。そこには、自己と対峙したり、自己を規制するはずの他者が存在していない。千石氏は次のように言う。

日本では自由の範囲が広くなるにつけ、「親の権威」や「教師の権威」がなくなり、自己決定権が拡張した。つまり別の側面からみて、日本では権力的な親ではなく、やさしい親が「よい親」のイメージをもつ。やたらに干渉する教師ではなく、やさしく見守る教師の評価が高くなったことと同じ価値基準である。別の面からみると、規範を放棄して「わがまま」を許すようになってきたのである。(中略)しかし、見守るだけではだめだ。自己決定を金科玉条とする風潮は、規範を薄める結果を生む。(9)

国際比較の調査結果で、「親に反抗すること」、「教師に反抗すること」は「本人の自由でよい」とするパーセンテージが、日本の高校生の場合、アメリカ・中国の四倍以上の数値であることはすでに述べた。反抗するかしないかは、本人の自由である。自分は教師に反抗しないが、反抗する人がいても別にかまわない。こうした感覚を千石保は「日本的自己決定主義」と呼ぶ。

そこには、法や権威、慣習など、あらゆる規範から逃れて、自己の自由だけを満喫しようとする態度が透けて見える。「そうあってもよく」、「こうあってもかまわない」、「ただし、自分はこうしたい」という感覚の根底にあるものは、当事者意識のなさと他者感覚の欠落である。他国に比べて、日本の子どもたちは、当事者意識が希薄であるばかりでなく、他者感覚が著しく欠落している。自分は問題の渦中から逃れて対応しようとする傾向が強い。

あるテレビ番組で、若者の一人から「人を殺したら、なぜ悪いのですか？」と急に問いかけられて、その場にいた大人たちが答えに窮する場面があった。それは、この当事者意識の欠けた問いに、大人たちがそのまま答えようとしたからである。その若者に、大人は即座にこう返答すべきであった。

「あなたは、あなたの親か恋人が殺されてもいいのでしょうか？」と。さらにこう付け加えてもよい。「人を殺したらなぜ悪いのですかという一般的な問いに答えることは不可能です。なぜなら、人は『人間一般』を殺すことはできないからです。殺されるのは、必ずAさんか、Bさんという固有名の人です。正しい問いは、『Aさんを殺したらなぜ悪いのですか？』という問いだけです。もちろん、そのAさんの中に、あなた自身も入るわけですが。」

日本の青少年に著しい自己決定主義は、「そうあってもよく」、「こうあってもかまわない」、「ただし、自分はこうしたい」という考え方に立っており、当事者意識が見事に欠落している。右記の若者の問いはその典型の一つと言ってよい。さらに言えば、そこには本来そこに介在すべき他者感覚も希薄である。かくれん坊遊びで見たような、鬼になったり、救ってくれたりする、あの他者がここでは不在である。情報・消費社会は、他者感覚を欠いた子どもや青年を大量に生み出してきたと言っても過言ではないだろう。こうした問題に、学校教育だけで対応できるとは到底思われない。家庭や地域社会の教育力の回復が求められるゆえんである。

4　家庭、学校、地域をすり抜ける子ども

すでに述べてきたように、家庭・地域社会の教育機能の低下は、いまや誰の目にも明らかなものと思われる。家庭、学校、地域社会という生活共同体の場所を超えて、メディア空間という第四の空間が、子どもたちの日常生活の中に深く浸透してきたからである。

もちろんこのメディア空間は、高度情報社会の生み出した画期的な自由空間であり、すでに私たちはその恩恵に存分に浴している。情報教育やメディアリテラシーの育成が叫ばれ、大人も子どももメディア空間なしに生活を送ることは難しい。しかし、あえて言えばメディア空間は諸刃の剣の

性格を有するように思う。それは人間生活を便利・快適にする道具ではあるが、同時にそれは、使いようによっては人々の共同生活者としての感覚を鈍化させる道具ともなる。

共同生活者としての子ども

「生きる力」とは何かの定義づけは難しいが、社会全体がシステム化し、サービス化することと比例するかたちで、子どもの自己形成空間は衰弱化の一途をたどってきた。子どもたちは、自分で何も作り出さなくとも、システムに依存しさえすれば、十分なサービスを受けられる。「ドラゴンクエスト」を購入しさえすれば、映像を介して血沸き肉踊る体験をすることができる。すべてはシステムに依存するかどうかの問題となった。消費とはモノを買うのではなく、システムに乗るチケットを買うことなのだ。

こうして、一言でいえば、「生活者としての子ども」の姿が消えていったのである。たくましい生活者としての子どもの姿は、一体どのようにすれば回復できるのか。この問題に家庭、学校、地域社会がバラバラに取り組むのではなく、相互に連携し合いながら、それぞれの役割を発揮することが必要である。

八年前に筆者がベルリン自由大学に留学して、ドイツの小学校、実科学校を訪れたときのことを思い出す。小学校では、三～四年生の子どもが数人で、学校のある地下鉄の駅やバスの停留所まで筆者を迎えに来てくれた。子どもたちは、筆者を見付けるとすぐに自己紹介をし、握手を求めてきた。学校まで筆者を道案内してくれた。学校の校長室で、子どもの道案内役は日本ではありえないことですと話すと、「では、あなたは誰に会いに来たのですか?」と逆に尋ねられた。「もちろん子どもたちです」と私が答えると、「それなら子どもたちが迎えに行くのは当然でしょう」と言って、校長は笑った。私が子どもに会いに行く。子どもが出迎える。ドイツでは、ただそれだけのことなのだ。

筆者を受け入れてくれた指導教官のD・レェンツェン教授（現ベルリン自由大学学長）のホームパーティに招かれたことがあった。その時も、小学生の子どもがバスの停留所まで迎えに来てくれた。パーティでは、教官夫妻はもとより、大学生の長男、小学生の次男と三男がみんなでケーキを作ったり、コーヒーを運んだりで、総出で私たちを歓待してくれた。ホームパーティは、大人の社交の場であると同時に、家族全員の交流の場でもあることを痛感した。

横浜市次世代育成支援行動計画　最後に、筆者がその計画立案作業に加わった「横浜市次世代育成支援行動計画」の一部を紹介しておきたい。これは、横浜市子育て事業本部が事務局となって、二〇〇名の委員が三分科会に分かれて協議した内容をとりまとめたもので、二〇〇五年度から政策的に実施されている行動計画である。筆者は横浜市次世代育成支援行動計画検討委員会の委員長として、本計画書の作成に協力してきた。

本計画の基本的理念は「すべての子育て家庭が、子どもの成長段階に合わせて必要な支援を受けられる『まち』、また、家庭の大切さを認識するとともに子育ての喜びを地域全体で共有できる『まち』よこはまを、市民と行政が協働で実現する」[10]というものである。ここでは、家庭での子育てを保護者だけの問題に委ねるのではなく、家庭が地域やまちの全体から必要な支援を受けられる体制を創り出す必要性が強調されている。

ここには、子育ては、地域から孤立しホテル化した家庭の内部だけでできるものではなく、地域のネットワークの支えと、まち全体の支えによって可能となるという認識がある。人間形成の問題を親子関係だけに押し込めるのではなく、親子を含めた多世代間の相互行為の営みとして捉える視点がある。したがって、それは地域社会やまち全体が取り組むべき問題であることが強調されている。行動計画の基本目標としては、次の三点が挙げられている。

(1) 子育てを地域全体で支援する地域力を創る。

両親が就労しながら子どもとかかわり、子育てに責任をもつことができるような企業、行政的な支援を行い、子どもが地域の人間関係の輪の中で自然に社会性が身に付くような方策を講ずる。それは仕事と子育ての両立をはかることであり、地域の人間関係やさまざまな人的リソースを活用することでもある。

(2) 家庭・学校・地域に見守られながら子どもが豊かな社会的関係を育む成長空間を創る。

子どもが自立心と社会性を身に付ける場所としては、家庭、学校、地域（保育所、幼稚園を含む）があるが、とりわけ家庭は第一次社会化の場として重要な役割をもつ。子どもが社会生活を送るための基礎が、家庭で養われるからである。ところが、この家庭が担っていた諸機能は、社会の機能分化とともに外注化される傾向が著しい。しかし、家庭では、できうる限り生活共同体としての機能をしっかりと保持して、子どものしつけや社会性を育む必要がある。

子ども会などの地域活動は、都市化の波とともに衰退の一途をたどる傾向にあるが、四季折々の行事を大人と子どもが一緒に行うことで、子どもは多様な世代との関係やコミュニケーションの機会を得ることができる。

学校では主に教科の学習を通して知的な能力の育成が図られるが、むろんそればかりでなく、学校における共同生活を通して、子どもたちは自立性や社会性を身につけることができる。とりわけ「総合的な学習の時間」では、地域の地理的条件、産業、伝統文化などの特性を生かして、さまざまな地域活動を展開することが可能である。

こうして、家庭、地域、学校を融合的に貫く子どもの成長空間（自己形成空間）を創り出していくことが、市民、行政、企業の重要な課題である。

(3) 子育てに積極的な価値を見出せる共生社会を創る

子育てや教育が子どもを持つ親と学校教師だけの問題となったのは、都市化、産業化の進展する一九六〇年代以降のことである。それ以前は、子育ては地域共同体全体の営みであった。名づけ親、拾い親、乳母、育ての親など、沢山の人手を介して育てられることが子どもの将来の幸福を保障するものと見なされていた。

ところが、核家族化と少子化が進行する中で、家庭はますます孤立の度合いを深めていった。子育てや教育が、親だけの責任と見なされる時代となった。そこでは親の教育責任だけが強調され、種の生命と文化の保存、多世代間の相互行為としての人間形成という巨視的な視点がますます後退する傾向にある。しかし、子育てや教育は次世代に対する社会全体の責任であり、公共的な問題である。それを単なる個人の問題に狭めてしまうことは、子育ての公共的な役割を損なうことにも通ずる。大人、子ども、高齢者、障害者、異国籍の人々が互いに交流しあい、互いに学び合える共生社会を実現していく上でも、子育てと教育の公共性の視点は欠かすことのできないものである。

以上が、「横浜市次世代支援行動計画」（二〇〇五年四月）に筆者の私見を若干加えたものであるが、子育てや教育の問題を、家庭や学校だけの問題に限定することなく、それぞれの役割を明確にしながら、教育を地域やまち全体の問題として引き受けようとする視点に注目したい。

メディア空間の両義性　冒頭でも述べたように、これまで教育と言えば学校教育が中心であり、子どもが現に生きている生活世界のありよう、つまり家庭、地域社会、学校、そしてメディア空間の全体を視野に入れた構想が少なすぎたように思われる。しかし、社会が大きく変貌を遂げていく現在、子どもがどのような世界に住み、どのような生活意識や感覚をもつようになっているのかを、しっかりと把握していく必要がある。その意味では、家庭、学校、地域社会に次ぐ第四の空間としてのメディア空間の特性と問題点について最後に指摘しておきたい。

二〇〇四年六月、長崎県佐世保市の小学校内で六年生の女子児童が同級生の女子児童を刺殺する事件が起きたことは、まだ記憶に新しい。二人はもともと友達同士で、普段から家庭を行き来したり、メールやチャットでやり取りを重ねていたが、ある時、そこに自分の身体に関する悪口を書かれたことが、殺意を生む重大なきっかけとなったと供述していることが報道された。その真偽のほどは分からないが、そうしたことは確かにあり得ないことではないと筆者は考えている。

なぜなら、メールやチャットは相手の顔の動きや表情を見ずに、自分の都合で相手と対話する形式のコミュニケーションだからである。そこには厳密な意味での他者がいない。メールやチャットの相手はいるが、その場の状況を共有し、相手の目の動き、顔の表情を見ながら微調整を重ねていく身体的なコミュニケーションが欠けている。さらにいえば、その場の微妙な空気を感じ取ったり、言葉では肯定しながら、からだが拒絶するような複雑なコミュニケーションがそこでは成り立ちにくい。メディア空間は、もともと個人の生活の便利さ、快適さのために存在する空間だからである。それは見えないカプセルに等しい。

カプセルを通して行う会話には、明らかな制約と限界がある。第四空間としてのメディア空間は、一挙にグローバル化された世界に飛び込める点で、個人に新しい情報をもたらす可能性はあるが、そこでは厳密な意味での他者との「関わり合い」が成り立ちにくいという限界があることも理解しておく必要がある。

註

（1）高橋勝・下山田裕彦『子どもの〈暮らし〉の社会史――子どもの戦後五〇年』川島書店、一九九五年、一一頁。
（2）高橋勝『子どもの自己形成空間――教育哲学的アプローチ』川島書店、一九九二年、八頁。
（3）門脇厚司『子どもの社会力』岩波書店、一九九九年。
（4）仙田満『子どもの遊び環境』筑摩書房、一九八四年、一五五頁。
（5）横浜市次世代育成支援行動計画検討委員会「横浜市次世代育成支援行動計画」二〇〇五年四月、二五頁。
（6）小此木啓吾『家庭のない家族の時代』筑摩書房、一九九二年、四三頁。
（7）高橋勝『文化変容のなかの子ども――経験・他者・関係性』東信堂、二〇〇二年、二〇頁。
（8）千石保『普通の子が壊れていく』日本放送出版協会、二〇〇〇年、四七頁。
（9）千石保『新エゴイズムの若者たち』ＰＨＰ新書、二〇〇一年、七四頁。
（10）横浜市次世代育成支援行動計画検討委員会、前掲、三六頁。

初出一覧

序　章　経験のメタモルフォーゼ――〈自己変成〉の教育人間学
「生命・世界・変成――経験のメタモルフォーゼ素描」『教育哲学研究』（教育哲学会編）、第九四号、二〇〇六年

第一章　変成される世界――秩序を無化する経験
「経験のメタモルフォーゼ――現象学的経験論の試み」『教育哲学の再構築』所収、学文社、二〇〇六年

第二章　人間形成における「関係」の解読――経験・ミメーシス・他者
『教育関係論の現在――「関係」から解読する人間形成』所収、川島書店、二〇〇四年

第三章　受苦的経験の人間学
「経験の人間学の試み――経験・他者・受苦性」『他者に臨む知――臨床教育人間学I』（臨床教育人間学会編）、世織書房、二〇〇四年

第四章　脱中心化運動としての教育人間学
「教育人間学の課題と方法――Ch・ヴルフの歴史的教育人間学を中心に」『横浜国立大学教育人間

科学部紀要』第三集、二〇〇〇年
第五章　「発達」からメタモルフォーゼへ
「教育的発達論——発達の教育哲学」『教育哲学』所収、樹村房、一九九四年
第六章　異化作用としての経験
「人間形成における経験の位相——「現実」の多義性と「経験」の異化運動を中心に」『近代教育の再構築』所収、福村出版、二〇〇〇年
第七章　子どもが生きられる空間
「子どもが生きられる空間——人間学的考察」『こども環境学研究』（こども環境学会編）創刊号、二〇〇五年
終　章　子どもの自己形成空間
「学校、家庭、地域社会、一体の教育」『学校教育研究所年報』（財団法人・学校教育研究所編）、第四九号、二〇〇五年

あとがき

本書は、「経験のメタモルフォーゼ」という新しいパースペクティヴから、人間形成の問題を捉え直すことをねらいとしている。それは、自己探究ではなく、他者や異世界に、自己規律ではなく、自己開放に、内部ではなく、外の関係に身を投げ入れ、防衛的な自己がいかにしてその殻を破り、自己変成を遂げていくかを、理論的に明らかにしようとしたものである。本書では、人間形成論、教育人間学の問題として提起したが、その根底には、J・W・フォン・ゲーテの生命思想、E・フッサールの現象学、Fr・ニーチェの生の哲学、G・ドゥルーズの生命哲学などの諸理論が、ジャングルの蔦のように絡み合って理論構築の土台をなしている。

岩波講座『子どもの発達と教育』（全八巻）が発行されたのは一九七九年のことである。当時は、「発達」を支える人類の無限の進歩、発展という未来志向の輝かしい物語がまだ生きていた。現在の意味は、達成されるべき未来において確認されるという歴史主義の物語が、アカデミズムばかりでなく教育界全体の思考を強く魅了していた時代である。

あれから三〇年近くが経って、人間形成論、教育人間学において、「発達」というコンセプトを根底で支える直線的、向上的時間の観念がもはや妥当性を失いかけている。そして歴史から投げ出された人々は、「自己実現」や「精神世界」にかろうじて救いを見出しているかに見える。さらに、経済のグローバル化の進展とともに、経済的合理性や「問題処理」思考などの自己規律の観念が、私たちの身体を幾重にも包み込む状況が生まれている。

しかしながら、人間形成においては、他者と出会い、他者と共に織り成す物語を欠かすことはできない。それは、なぜか。人が生きるということは、他者との間に何らかの物語を共有し、それを構築したり、破壊させたり、綻びを繕ったりしながら、物語を編み直し続ける営みにほかならないからである。「経験のメタモルフォーゼ」とは、そうした自己と他者が織り成す物語の構築と解体のプロセスそのものにほかならない。そこには、目的地があるわけではなく、目ざすべき到達地点があるわけでもない。多種多様な異世界に足を踏み入れ、その場所に身をさらし、古い自己を絶え間なく脱皮し、流動し続ける生の自己変成があるに過ぎない。経験とは、制度化された生活地平を強固にするためのものではなく、むしろその地平を脱皮して、もう一つの可能な地平を新たに切り拓いていく試みにほかならない。

本書を脱稿し終えた後で、マサチューセッツ大学名誉教授、ジェーン・ローランド・マーチン女史（Jane Roland Martin）の新著、*Educational Metamorphoses, Philosophical Reflection on Identity and Culture* (2007). Rowman & Littlefield Publishers INC. を読んだ。これまで私は、ドイツの教育哲学と教育人間学に深い関心を抱いており、アメリカの教育哲学文献にはさほど情報網を張ってはいなかった。しかし、「教育的メタモルフォーゼ」というタイトルを新刊カタログで見つけた時は、その文字に目が釘付けになり、早速、航空便で本書を取り寄せ、電車の中でもそれを開いて一気に読みふけった。

予想していた通り、マーチン女史の専門も教育哲学で、これまで異文化間教育に関する著作などを発表してこられた。『教育的メタモルフォーゼ』は、人種、国籍、出身階層、学歴、ジェンダーなどは、その人のアイデンティティを予め確定する要素ではなく、多種多様な文化を横断的に行き来する過程で、アイデンティティの変容がごく日常的にも生じることを説得的に述べている。本書では、数多くのケーススタディが紹介され、人間は、異文化、多民族を渡り歩くことで、何度も「生まれ変わる」経験をすることが強調されている。その「生まれ変わり」を、彼女は「教育的メタモルフォーゼ」と名づけている。こうした教育哲学の視点から、彼女は、制度的な学校教育をも、クロス・カルチャーの経験によるアイデンティティ変容の場所として、新たに意味づけ直すことを提言している。

本文でも紹介したが、ドイツの教育哲学においても「メタモルフォーゼ」と名打った文献はすでに存在する（Liebau, E. / Miller-Kipp, G. / Wulf, Ch. 1999）。今後は、ドイツの教育哲学のみならず、国際的な視野に立って、この問題を深く検討していきたいと考えている。

本書は、学会誌、大学紀要、単行本に掲載された論文を編集し、大幅に加筆訂正を施した上でまとめたものである。教育哲学会、教育思想史学会、臨床教育人間学会、こども環境学会など、それぞれの論文発表時に貴重なご意見をお寄せ下さった数多くの研究仲間の皆さんに深く感謝すると同時に、本書への転載を快諾して下さった各出版社、学会、研究所に厚くお礼を申し上げたい。さらに本書の索引を作成する作業のお手伝いをいただいた藤井佳世さん（鎌倉女子大学専任講師）にも心から感謝したい。

本書は、もともと勁草書房の伊藤真由美さんとの約束で、原稿の編集作業に取り組んだものである。伊藤さんからは、たびたび励ましのお手紙やメールを頂いたが、作業が大幅に遅れてしまい、伊藤さんの在職中に発行できなかったことが、まことに残念で、申し訳なく思う。後を引き継いだ同編集部の藤尾やしおさんにも、実にきめ細やかなご配慮をいただいた。辛抱強くお待ちいただいた二人の編集者には、心から感謝の意を表したい。

大学院に進学し、教育哲学研究の道に入って、はや四〇年近くになる。研究生活をずっと見守り続けてきてくれた父（政俊）と母（かね）も、気がつけば、とうに傘寿を過ぎる高齢となった。原稿に夢中になると、食事中でも、どこでも突拍子もない議論を投げかけて、ずいぶん困らせてきた妻（貞江）との生活も三〇年を越えた。これまで研究生活を陰で支えてきてくれた家族のみんなに、心からの感謝の言葉を捧げたいと思う。

二〇〇七年七月

高橋　勝

人名索引（五十音順）

ア 行

アガンベン（Agamben, Giorgio） 18
アリエス（Ariès, Philippe） 82, 120, 123, 149
アリストテレス（Aristoteles） 2, 27, 30, 31, 95, 96, 107, 135, 169, 170
市川浩 154
今村仁司 105
ヴァーグナー（Wagner, Wilhelm Richard） 31
ヴァイツゼッカー（Weizsäcker, Viktor von） 5-11, 13, 14, 16, 197
ヴィマー（Wimmer, Michael） 103
ヴェーバー（Weber, Max） 50
ウェンガー（Wenger, Etienne） 60, 61
ヴュンシェ（Wünsche, Konrad） 118, 127
ヴルフ（Wulf, Christoph） 65, 66, 67, 82, 112, 118, 125, 127, 128, 130, 133, 138
エリアス（Elias, Norbert） 134
エルカース（Oelkers, Jürgen） 145
小此木啓吾 211

カ 行

ガダマー（Gadamer, Hans-Georg） 18, 19, 181
カッシーラー（Cassirer, Ernst） 155
河本英夫 2, 6
カント（Kant, Immanuel） 58, 129, 170, 205
カンパー（Kamper, Dietmar） 118, 127
木田元 12
ギデンズ（Giddens, Anthony） 17
木村敏 8, 35, 36, 177
クラフキ（Klafki, Wolfgang） 126
ゲーテ（Goethe, Johann Wolfgang） 1-4, 7
ゲーレン（Gehlen, Arnold） 31, 94, 96-98, 126, 151, 171, 172, 173
ゲバウア（Gebauer, Gunter） 127
コメニウス（Comenius, Johann Amos） 121

サ 行

サルトル（Sartre, Jean-Paul） 97
シェーラー（Scheler, Max） 12-14, 122, 126
シャラー（Schaller, Klaus ） 127
シュトラウス（Strauss, Sharon E.） 5
芹沢俊介 78, 86

千石保　213, 215, 216
仙田満　208
ソシュール(Saussure, Ferdinand de)　154
ゾンターク(Sonntag, Michael)　135

タ　行

ダーウィン(Darwin, Charles Robert)　12
高橋義人　4
ディークマン(Dieckmann, Bernhard)　30, 98, 183
ディルタイ(Dilthey, Wilhelm)　8
デカルト(Descartes, Rene)　10
デップ=フォアヴァルト(Döpp-Vorwald, Heinrich)　126
デューイ(Dewey, John)　30
デュルケム(Durkheim, Émile)　58, 124
寺崎弘昭　119
ドゥルーズ(Deleuze, Gilles)　2, 16, 22, 23, 183
ドーキンス(Dawkins, Richard)　7

ナ　行

中村雄二郎　181
ニーチェ(Nietzsche, Friedrich Wilhelm)　7, 8, 24, 122
西田幾多郎　35
貫成人　15
ノール(Nohl, Hermann)　104

ハ　行

バーガー(Berger, Peter L.)　59, 60
パーソンズ(Parsons, Talcott)　124
ハーバーマス(Habermas, Jürgen)　126
ハーマン(Herman, Judith Lewis)　32
ハイデガー(Heidegger, Martin)　5, 7, 11, 14, 18, 21, 24, 28, 40-42, 53, 108, 109, 122, 179, 180
箱崎総一　195
浜田寿美男　49, 51
ピアジェ(Piaget, Jean)　159
フーコー(Foucault, Michel)　133, 134
ブーバー(Buber, Martin)　67, 127
福島直人　62
フクヤマ(Fukuyama, Francis)　i
藤田省三　74, 75, 77, 167, 168, 176
フッサール(Husserl, Edmund)　7, 14-16, 18, 28, 30, 35, 37-39, 40, 53, 100, 102, 103, 108, 113, 122, 130, 179
プラトン(Platon)　135, 147
フリットナー(Flitner, Andreas)　117, 125
ブルデュー(Bourdieu, Pierre)　62
プレスナー(Plesner, Helmut)　126
フロイト(Freud, Sigmund)　5
ヘーゲル(Hegel, Georg Wilhelm Friedrich)　iv, 27, 30, 108

ペスタロッチ(Pestalozzi, Johann Heinrich)　131
ヴァン・デン・ベルク(Berg, J. H. van den)　123, 146-148, 149-151
ベルグソン(Bergson, Henri)　8
ヘルダー(Herder, Johann Gottfried)　96, 172
ベルタランフィ(Bertalanffy, Ludwig von)　13
ヘルト(Held, Klaus)　107
ヘルバルト(Herbart, Johann Friedrich)　117
ベンヤミン(Benjamin, Walter)　62-65, 68, 69, 71, 72, 73, 168, 198
ポルトマン(Portmann, Adolf)　13, 126, 153, 155
ボルノー(Bollnow, Otto-Friedrich)　110, 117, 123, 126, 180, 191, 193
本田和子　163

マ　行

丸山圭三郎　156, 163, 173
宮崎駿　113
ミンコフスキー(Minkowski, Eugéne)　196
村瀬学　174, 176, 194
メルッチ(Melucci, Alberto)　110, 111
メルロ=ポンティ(Merleau-Ponty, Maurice)　191, 195
モンテーニュ(Montaigne, Michel Eyquem de)　147

ヤ　行

ユクスキュル(Jakob Johann von Uexküll)　12, 13, 154, 155
ユクスキュル(T. von Uexküll)　152, 153
ユッテマン(Jüttemann, Gerd)　135
湯本香樹実　78
吉村昭　11

ラ　行

ランゲフェルド(Langeveld, Martinus Jan)　126, 157
リオタール(Lyotard, Jean-Francois)　i
リット(Litt, Theodor)　47
ルーマン(Luhmann, Niklas)　133
ルソー(Rousseau, Jean-Jacques)　58, 120, 121, 147, 149, 205
レイヴ(Lave, Jean)　60, 61
レイン(Laing, Ronald David)　32-35
レヴィ=ストロース(Lévi-Strauss, Claude)　82
レヴィナス(Lévinas, Emmanuel)　18, 104, 105
レンツェン(Lenzen, Dieter)　82, 123, 127
ロート(Roth, Heinrich)　117, 125, 157-159, 162
ローレンツ(Lorenz, Konrad Zacharias)　13

ワ行

事項索引（五十音順）

ア　行

カ　行

サ　行

タ　行

ナ　行

ハ　行

マ　行

ヤ　行

ラ　行

参考文献一覧

Agamben, Giorgio　2002　*L'aperto: L'uomo e l'animale*. Bollati Boringhieri, Torino. ＝ 2004 岡田温司／多賀健太郎訳『開かれ――人間と動物』平凡社.

Axelos, Kostas　1970　*Vers la Pensee Planetarire*. Les Editions Minuit. ＝ 2002 高橋充昭訳『遊星的思考へ』白水社.

Bateson, Gregory　1972　*Steps to an Ecology of Mind*. New York ＝ 2000 佐藤良明訳『精神の生態学』新思索社.

Baudrillard, Jean　1970　*La Société de Consommation. Ses mythes, ses structures*. Gallimard. ＝ 1979 今村仁司・塚原史訳『消費社会の神話と構造』紀伊国屋書店.

Berger, Peter L.／Berger, Brigitte／Kellner, Hansfried　1973　*The Homeless Mind, Modernization and Consciousness*. Random House Inc. New York. ＝ 1977 高山真知子／馬場伸也／馬場恭子訳『故郷喪失者たち――近代化と日常意識』新曜社.

Berger, Peter L.／Luckmann, Thomas　1966　*The Social Construction of Reality, A Treatise in the Sociology of Knowledge*, New York. ＝ 1977 山口節郎訳『日常世界の構成――アイデンティティと社会の弁証法』新曜社.

Bergson, Henri　1934　*La pensée et le mouvant*. Presses Universitaires de France. ＝ 1998 河野与一訳『思想と動くもの』岩波書店.

Von Bertalanffy, Ludwig　1949　*Das Biologische Weltbild, Die Stellung des Lebens in Natur und Wissenschaft*. A. Francke AG. Verlag. Bern. ＝ 1954 長野敬／飯島衛訳『生命――有機体論の考察』みすず書房.

Bollnow, Otto Friedrich　1941　*Das Wesen der Stimmungen*. Frankfurt a. M. ＝ 1968 藤縄千艸訳『気分の本質』筑摩書房.

――――　1959　*Existenzphilosophie und Pädagogik. Versuch über unstetige Formen in der Erziehung*. Urben-Bücher, Stuttgart. ＝ 1965 峯島旭雄訳『実存哲学と教育学』理想社.

――――　1963　*Mensch und Raum*. W. Kohlhammer, Stuttgart. ＝ 1983

大塚恵一他訳『人間と空間』せりか書房.

——— 1971 *Pädagogik in anthropologischer Sicht.* Tokyo ＝ 1972 浜田正秀訳『人間学的に見た教育学』玉川大学出版部.

Deleuze, Gilles 1968 *Différence et Répétition.* Presses Universitaires de France. ＝ 1992 財津理訳『差異と反復』河出書房新社.

——— 1973 *Pensée nomade.* aujourd'hui, UGE. ＝ 1984 立川健二訳「ノマド的思考」『現代思想』1984年 9 月 臨時増刊号所収、青土社.

——— 1988 *Le Pli: Leibnitz et le Baroque.* Presses Universitaires de France. ＝ 1998 宇野邦一訳『襞——ライプニッツとバロック』河出書房新社.

——— 1965 *Nietzsche.* Presses Universitaires de France. ＝ 1998 湯浅博雄訳『ニーチェ』筑摩書房.

Deleuze, Gilles／Guattari, Félix 1976 *Rhizome.* Les Editions de Minuit. ＝ 1977 豊崎光一訳、「リゾーム」『エピステーメー』1977年10月 臨時増刊号所収.

Deleuze, Gilles／Guattari, Félix 1972 *L'anti-Oedipe, Capitalisme et schizophrênie.* Les Editions de Minuit. ＝ 1986 市倉宏祐訳『アンチ・オイディプス——資本主義と分裂症』河出書房新社.

Deleuze Gilles／Guattari, Félix 1980 *Mille Plateaux, Capitalisme et Schizophrênie.* Les Editions de Minuit. ＝ 1994 宇野邦一・小沢秋広・田中敏彦他訳『千のプラトー——資本主義と分裂症』河出書房新社.

Dewey, John 1925 *Experience and Nature.* ＝ 1997 河村望訳『経験と自然』（デューイ／ミード著作集、第 4 巻）人間の科学社.

——— 1938 *Experience and Education.* The Macmillan Company. ＝ 2004 市村尚久訳『経験と教育』講談社学術文庫.

Dieckmann, Bernhard 1994 *Der Erfahrungsbegriff in der Pädagogik.* Weinheim.

Eliade, Mircea 1958 *Birth and Rebirth,* Harper and Brother Publishers, New York. ＝ 1971 堀一郎訳『生と再生——イニシエーションの宗教的意義』東京大学出版会.

Gebauer, Gunter／Wulf, Christoph 1998 *Spiel, Ritual, Geste, Mimetisches Handeln in der sozialen Welt.* Rowohlts Taschenbuch Verlag.

GmbH, Reinbeck bei Hamburg.

Gehlen, Arnold 1961 *Anthropologische Forschung, Zur Selbstbegegnung und Selbstentdeckeng des Menschen*. Rowohlt Verlag. = 1970 亀井裕／滝浦静雄他訳『人間学の探究』紀伊国屋書店.

Giddens, Anthony 1991 *Modernity and Self-Identity. Self and Society in the Late Modern Age*. Polity Press = 2005 秋吉美都他訳『モダニティと自己アイデンティティ』ハーベスト社.

von Goethe, Johann Wolfgang 1790 *Die Schriften zur Naturwissenschaft*. Weimar. = 1980 木村直司訳『ゲーテ全集、第14巻、自然科学論』潮出版社.

Held, Klaus 1966 *Lebendige Gegenwart, Die Frage nach der Seinsweise des Transzendentalen bei Edmund Husserl*. Martinus Nijhoff, Haag. = 1997 新田義弘他訳『生き生きした現在——時間と自己の現象学』北斗出版.

Heidegger, Martin 1926 *Zein und Zeit. Band 2,* Max Niemeyer Verlag., Tübingen. = 1997 辻村公一／ハルムート・ブフナー訳『有と時』ハイデッガー全集、第2巻、創文社.

——— 1947 *Über den Humanismus, Brief an Jean Beaufret*. Paris. Frankfurt a.M. = 1997 渡邊二郎訳『「ヒューマニズム」について』筑摩書房.

——— 1977 *Holzwege, Veröffentlichte Schriften 1910-76 Band 5,* Vittorio Klostermann. Frankfurt a.M. = 2002 茅野良男／ハンス・ブロッカルト訳『杣径』ハイデッガー全集、第5巻、創文社.

——— 1959 *Unterwegs zur Sprache. Veröffentlichte Schriften 1910-76 Band 12,* Vittorio Klostermann. Frankfurt a.M. = 2002 亀山健吉／ヘルムート・グロス訳『言葉への途上』ハイデッガー全集、第12巻、創文社.

——— 1983 *Aus der Erfahrung des Denkens. Veröffentlichte Schriften 1910-76 Band 5,* Vittorio Klostermann.Frankfurt a.M. = 1994 東専一郎／芝田豊彦／ハルムート・ブフナー訳『思惟の経験から』ハイデッガー全集、第13巻、創文社.

Husserl, Edmund 1950 *Die Krisis der europäschen Wissenschaften und*

die transzendentare Phänomenologie, Eine Einleitung in die phänomenologische Philosophie. 2. Aufl., in Husserliana:Edmund Husserl gesammelte Werke. Hrsg., Walter Biemel,Bd.6. Martinus Nijhoff, Haag. = 1995 細谷恒夫／木田元訳『ヨーロッパ諸学の危機と超越論的現象学』中央公論社.

——— 1958 *Die Idee der Phänomenologie, fünf Vorlesungen.* Martinus Nijhoff, Haag. = 1999 長谷川宏訳『現象学の理念』作品社.

——— 1964 *Erfahrung und Urteil; Untersuchungen zur Genealogie der Logik,* Claasen Verlag., Hamburg. = 1999 長谷川宏訳『経験と判断』河出書房新社.

Illich, Ivan 1973 *Tools for Conviviality.* Harper and Row, Publishers. = 1989 渡辺京二／渡辺梨佐訳『コンヴィヴィアリティのための道具』日本エディタースクール出版部.

——— 2005 *The River North of the Future, The Testament of Ivan Illich.* House of Anansi Press, Inc., Toronto. = 2006 白井隆一郎訳『生きる希望―イバン・イリイチの遺言―』藤原書店.

Laing, Ronald David 1967 *The Politics of Experience and The Bird of Paradise.* Penguin Books, Middlesex, London. = 1973 笠原嘉／塚本嘉壽訳『経験の政治学』みすず書房.

——— 1969 *Self and Others.* Tavistock Publicaion, London. = 1975 志貴春彦／笠原嘉訳『自己と他者』みすず書房.

——— 1976 *The Fact of Life. An Essay in Feelings, Facts and Fantasy.* Tavistock Publicaion, London. = 1979 塚本嘉壽／笠原嘉訳『生の事実』みすず書房.

Lenzen, Dieter 1985 *Mythologie der Kindheit, Die Verewigung des Kindlichen in der Erwachesenkultur, Versteckte Bilder und vergessene Geschichten.* Rowohlts Taschenbuch Verlag., GmbH, Reinbeck bei Hamburg.

Lévinas, Emmanuel 1978 *De l'existence a l'existent.* Paris, J. Vrin. = 1996 西谷修訳『実存から実存者へ』講談社学術文庫.

——— 1978 *Autrement qu'être ou au-delà de l'essence.* Martinus Nijhoff. = 合田正人訳『存在の彼方へ』講談社学術文庫.

Liebau, Eckhart ／ Miller-Kipp, Gisela ／ Wulf, Christoph (Hrsg.) 1999 *Metamorphosen des Raums, Erziehugswissenschaftliche Forschungen zur Chronotopologie*. Deutscher Studien Verlag., Beltz, Weinheim.

Lippitz, Wilfried 1993 *Phänomenologische Studien in der Pädagogik*. Deutscher Studien Verlag., Weinheim.

Lippitz, Wilfried ／ Meyer-Drawe, Kate (Hrsg.) 1987 *Kind und Welt, Phänomenologische Studien zur Pädagogik.*, Athenaum, Verlag., GmbH. Frankfurt a.M.

Martin, Jane Roland 2007 *Educational Metamorphoses, Philosophical Reflection on Identitiy and Culture*. Rowman & Littlefield Publishers INC.

——— 1992 *The Schoolhome, Rethinking Schools for Changing Families*. Harvard Uni. Press. = 2007 生田久美子監訳『スクールホーム――〈ケア〉する学校』東京大学出版会.

Melucci, Allberto 1989 *Nomads of The Present, Social Movement and Individual Needs in Contemporary Society*. The Random House Century Group, London. = 1997 山之内靖／貴堂嘉之／宮崎かすみ訳『現在に生きる遊牧民』岩波書店.

Menninghaus, Winfried 1986 *Schwellenkunde Walter Benjamins Passage des Mythos*. Suhrkamp Verlag., Frankfurt a.M. = 伊藤秀一訳『敷居学――ベンヤミンの神話のパサージュ』現代思潮社.

Mollenhauer, Klaus 1985 *Vergessene Zusammenhänge, Über Kultur und Erziehung.*. Juventa Verlag. Weinheim und München. = 1987 今井康雄訳『忘れられた連関――〈教える－学ぶ〉とは何か』みすず書房.

Postman, Neil 1982 *The Disappearance of Childhood*. Deil Publishing Company, Inc., New York. = 1985 小柴一訳『子どもはもういない』新樹社.

Relph, Edward 1976 *Place and Placelessness*. Pion London, = 1991 高野岳彦／阿部隆／石山美也子訳『場所の現象学』筑摩書房.

Rocek,Roman ／ Schatz, Oskar (Hrsg.) 1972 *Philosophische Anthropologie heute*. C. H. Beck, München. = 2002 藤田健治他訳『現代の哲学的人間学』白水社.

Scheler, Max 1927 *Die Stellung des Menschen im Kosmos*. Nymphenburger Verlag. München. = 2002 亀井裕／山本進訳『宇宙における人間の地位』シェーラー著作集、第13巻、白水社.

Tuan, Yi-Fu 1977 *Space and Place,* University of Minnesota, = 1990 山本浩訳『経験の空間』筑摩書房.

von. Uexküll, Jakob Johann, ／Kriszat, Ggeorg 1934 *Streifzuge durch die Umwelten von Tieren und Menschen*. S.Fischer Verlag. GmbH. Frankfurt a.M. = 1973 日高敏隆／野田保之訳『生物から見た世界』思索社.

von. Weizsäcker, Viktor 1946 *Gestalt und Zeit*. Max Niemeyer / *Anonyma*. Francke = 1996 木村敏訳『生命と主体』人文書院.

——— 1988 *Der kranke Mensch, Eine Einfürung in die Medizinische Anthropologie*. Suhrkamp Verlag. Frankfurt a.M. = 2000 木村敏訳『病いと人——医学的人間学入門』新曜社.

Wulf, Christoph (Hrsg.) 1994 *Einführung in die pädagogische Anthropologie*. Beltz Verlag, Weinheim und Basel = 2001 高橋勝監訳『教育人間学入門』玉川大学出版部.

——— (Hrsg.) 1997 *Vom Menschen, Handbuch Historische Anthropologie,* Beltz Verlag, Weinheim und Basel = 2005 藤川信夫監訳『歴史的人間学事典２』勉誠出版.

——— 2001 *Einführung in die Anthropologie des Erziehung*. Beltz Verlag, Weinheim und Basel

飯島吉晴 1991 『子供の民俗学——子供はどこから来たのか』新曜社.

今井康雄 1998 『ヴァルター・ベンヤミンの教育思想——メディアのなかの教育』世織書房.

氏家重信 1999 『教育学的人間学の諸相』風間書房.

宇野邦一 2001 『ドゥルーズ——流動の哲学』講談社.

——— 2005 『〈単なる生〉の哲学——生の思想のゆくえ』平凡社.

大藤ゆき 1996 『児やらい——産育の習俗』岩崎美術社.

大森与利子 2000 『〈隙間〉論——人間理解の臨床、モノローグからダイアローグへ』東洋館出版.

小笠原浩方　1998　『空間（すきま）にあそぶ――人間的《私》教育のための序章』萌文社.
――――　2000　『悪戯《いたずら》文化論――わるガキの群像』新曜社.
亀山佳明　1990　『子どもの嘘と秘密』筑摩書房.
河本英夫　2002　『メタモルフォーゼ――オートポイエーシスの核心』青土社
――――　2006　『システム現象学――オートポイエーシスの第四領域』新曜社.
木田　元　2000　『ハイデガー『存在と時間』の構築』岩波書店.
木村　敏　2000　『偶然性の精神病理』岩波書店
――――　2001　『木村敏著作集、全８巻』弘文堂.
――――　2005　『関係としての自己』みすず書房.
木村　敏／桧垣立哉　2006　『生命と現実』河出書房新社.
古東哲明　1992　『〈在る〉ことの不思議』勁草書房.
篠原資明　1997　『ドゥルーズ――ノマドロジー』講談社.
――――　2004　『漂流思考――ベルクソン哲学と現代芸術』講談社.
佐伯　守　1979　『経験の解釈学――物・世界・人間の関係論』現代書館.
――――　1995　『自己と経験――森有正の世界から』晃洋書房.
斉藤次郎　1998　『〈子ども〉の消滅』雲母書房.
佐藤学／今井康雄編　2003　『子どもたちの想像力を育む――アート教育の思想と実践』東京大学出版会.
里見　実　1996　『学校を非学校化する――新しい学びの構図』太郎次郎社.
実存主義協会編　1997　『他者――実存思想論集12』理想社.
芹沢俊介　1991　『他界と遊ぶ子供たち』青弓社.
――――　1995　『子ども問題』春秋社、
――――　1998　『子どもたちはなぜ暴力に走るのか』岩波書店.
高田　宏　1999　『子供誌』平凡社.
高橋義人　1988　『形態と象徴――ゲーテと「緑の自然科学」』岩波書店.
高橋　勝　1992　『子どもの自己形成空間――教育哲学的アプローチ』川島書店.
――――　1997　『学校のパラダイム転換――〈機能空間〉から〈意味空間〉へ』川島書店.
――――　2002　『文化変容のなかの子ども――経験・他者・関係性』東信堂.

――――　2006『情報・消費社会と子ども』明治図書.
高橋　勝／下山田裕彦編　1995『子どもの〈暮らし〉の社会史――子どもの戦後50年』川島書店.
高橋　勝／広瀬俊雄編　2004『教育関係論の現在――〈関係〉から解読する人間形成』川島書店.
竹内敏晴　1975『ことばが劈かれるとき』思想の科学社.
田中智志　2002『他者の喪失から感受へ――近代の教育装置を超えて』勁草書房.
田中毎実　2003『臨床的人間形成論へ――ライフサイクルと相互形成』勁草書房.
土戸敏彦　1999『冒険する教育哲学――〈子ども〉と〈大人〉のあいだ』勁草書房.
野家啓一　2005『物語の哲学』岩波書店
中村雄二郎　1993『トポス論、中村雄二郎著作集 第10巻』岩波書店.
中村雄二郎／木村 敏（監修） 1996, 1997『講座・生命』第1巻、第2巻、哲学書房.
中岡成文　2001『臨床的理性批判』岩波書店.
中川香子　1994『かくれんぼう――内なる世界を育てる』人文書院.
西村清和　1989『遊びの現象学』勁草書房.
貫　成人　2003『経験の構造――フッサール現象学の新しい全体像』勁草書房
野口三千三　1996『原初生命体としての人間』岩波書店.
野田正彰　1988『漂白される子供たち――その眼に映った都市へ』情報センター出版局.
藤川信夫　1998『教育学における神話学的方法の研究――教育の神話学のための基礎理論とわが国の〈一人前〉観念の神話学的探求』風間書房.
藤田英典／黒崎勲／片桐芳雄／佐藤学編　2001『教育学年報、第8巻、子ども問題』世織書房.
藤本浩之輔編　1996『子どものコスモロジー――教育人類学と子ども文化』人文書院.
堀内　守　1979『構想力の冒険』黎明書房.
――――　1980『原っぱとすみっこ――人間形成空間の構想』黎明書房.

真木悠介　1977　『気流の鳴る音』筑摩書房.
――――　1981　『時間の比較社会学』岩波書店.
――――　1993　『自我の起源――愛とエゴイズムの動物社会学』岩波書店.
――――　1994　『旅のノートから』岩波書店.
真木悠介／鳥山敏子　1993　『創られながら創ること――身体のドラマトゥルギー』太郎次郎社.
丸山圭三郎　1987　『生命と過剰』河出書房新社.
――――　1991　『カオスモスの運動』講談社.
見田宗介　1979　『青春、朱夏、白秋、玄冬――時の彩り88章』人文書院.
――――　1996　『現代社会の理論――情報化・消費化社会の現在と未来』岩波書店.
水月昭道　2006　『子どもの道くさ』東信堂.
宮澤康人　1998　『大人と子供の関係史序説――教育学と歴史的方法』柏書房.
村瀬　学　1984　『子ども体験』大和書房.
――――　1991　『〈いのち論〉のはじまり』JICC 出版.
森　　昭　1961　『教育人間学――人間生成としての教育』黎明書房（著作集，第 4 ・ 5 巻).
――――　1997　『人間形成原論・遺稿』黎明書房（著作集，第 6 巻).
森　有正　1977　『経験と思想』岩波書店.
森田伸子　1993　『テクストの子ども』世織書房.
矢野智司　2000　『自己変容という物語――生成・贈与・教育』金子書房.
――――　2002　『動物絵本をめぐる冒険――動物－人間学のレッスン』勁草書房.
矢野智司／鳶野克己編　2003　『物語の臨界――〈物語ること〉の教育学』世織書房.
柳田國男　1941　『こども風土記』（新編柳田國男集　第10巻，1979）筑摩書房.
山下柚実　2004　『〈五感〉再生へ』岩波書店.
臨床教育人間学会編　2004　『他者に臨む知』世織書房.
鷲田清一　1997　『現象学の視線――分散する理性』講談社学術文庫.
――――　1999a　『〈聴く〉ことの力――臨床哲学試論』TBS ブリタニカ.
――――　1999b　『皮膚へ――傷つきやすさについて』思潮社.
――――　2001　『〈弱さ〉のちから――ホスピタブルな光景』講談社.

参考文献一覧

渡辺豊和　1998『空間の深層——物語としての建築』学芸出版社.

著者略歴

1946年　神奈川県生まれ
1977年　東京教育大学大学院教育学研究科博士課程単位取得満期退学
現　在　東京福祉大学大学院教授，横浜国立大学名誉教授．
教育哲学，教育人間学専攻
著　書　『文化変容のなかの子ども――経験・他者・関係性』（東信堂，2002年），『学校のパラダイム転換――〈機能空間〉から〈意味空間〉へ』（川島書店，1997年），『子どもの自己形成空間――教育哲学的アプローチ』（川島書店，1992年），『子ども・若者の自己形成空間――教育人間学の視線から』（編著，東信堂，2011年）
監訳書　『教育人間学入門』（玉川大学出版部，2001年）

［教育思想双書 9］
経験のメタモルフォーゼ　〈自己変成〉の教育人間学

2007年 8 月 1 日　第 1 版第 1 刷発行
2021年 9 月10日　第 1 版第 5 刷発行

著　者　高《たか》橋《はし》　勝《まさる》
発行者　井　村　寿　人

発行所　株式会社　勁《けい》草《そう》書　房
112-0005 東京都文京区水道 2-1-1　振替 00150-2-175253
（編集）電話 03-3815-5277／FAX 03-3814-6968
（営業）電話 03-3814-6861／FAX 03-3814-6854
堀内印刷所・松岳社

ISBN978-4-326-29881-5　　Printed in Japan